目录

钱

币

彩

拓

技

艺

前言

　　传统的钱币拓印主要采用墨拓、朱砂拓两种技法，钱币彩拓技艺为笔者首创。这种钱币拓印技艺是在吸收了传统钱拓、碑拓、鱼拓及国画等多种技法，推陈出新后逐步形成的，对于传承和弘扬中华货币文化意义重大。开发钱币彩拓技艺，推动钱币文化产业发展，有利于挖掘钱币资源，传承文化瑰宝，促进钱币文化可持续发展，加强中华特色文化品牌建设。

　　中国传统拓印是以宣纸或丝绢紧覆钱币、青铜器、碑刻等器物的文字、图画，然后用拓包沾墨打印的，因在拓印过程中有一套技术方法，故名墨拓技法。由于此法主要应用于金石器物，如碑刻、甲骨文字、陶器文字、青铜铭文、了汉魏石经毁于北齐神武年间的史实，所载犹在秘府的"相承传拓之本"，当为北齐神武之前拓本。据此，拓印至迟在北齐时期已经产生。唐代诗人韦应物（737—786年）的《石鼓歌》中说："今人濡纸脱其文，既击既扫白黑分。"由此可见拓印技术发展到唐代已较为成熟。王建（767—约830年）的《原上新居》中说："古碣凭人拓，闲诗任客吟。"反映出唐代时人们对碑拓的过程已经相当熟悉，拓印碑刻已经相当普遍。目前所知存世最早的拓本为敦煌出土的唐拓太宗李世民行书《温泉铭》、柳公权正书《金刚经》及欧阳询正书《化度寺邕禅师塔铭》。敦煌藏经洞所出的唐拓孤本——李世民行书《温泉铭》，于光绪二十六年（1900年），被法国人伯希和骗购而去，现藏于法国巴黎图书馆。而尤为值得注意的是关于钱币的最早专著《钱谱》也已产生了。《钱谱》是我国最早的钱币学专著，作者顾烜系南北朝梁人，曾任建安令，赠侯爵，乃孙吴丞相顾雍之后。南宋洪遵《泉志》记载："（古钱币）岁益久，类多淹没无传。梁顾烜始为之书。凡历代造立之原，大小轻重之度，皆有伦序，使后乎此者可以概见。"可以推测，作为流传的书籍，其中应当也有了钱币的拓印图片。可惜这部中国最早的钱币著作早已失传。通过对这些史料的综合分析，笔者推断钱币拓印至迟也应该是在南北朝之前就产生了。

拓印技艺自产生之日起，就不断丰富和发展。到盛唐后，这种拓印技艺更是被上层士大夫普遍采用。在两宋时期，传拓已成为一门独特的技艺并延续至今。

拓片作为我国一项古老的传统技艺，是使用宣纸和墨汁，将石碑、钱币、铜镜等器物上的文字或图案，清晰地显示出来的一种技艺。唐代文献中有对"打本"和"搨本"的记载，其中的"打本"即今天的"拓本"。唐诗中也有对拓印技法的形象描写，可知拓印技法至唐代已非常成熟和普及。存世唐宋拓本多为擦拓。在墨色上，到宋代才有"乌金"与"蝉翼"之分，基本技法也有了擦拓与扑拓两种。拓印至宋代有很大发展，技术日益精进与多样。用纸也极讲究，有"薄如蝉翼白如雪"的澄心堂纸、色黄纸薄有光泽的金箔纸、质韧有布纹的麻布纹纸等近十种，供拓家选择；墨料方面也有御墨、贡墨、松烟墨、油烟墨及为拓印所需而特制的"再和墨"等，因此拓印效果非常精良，享有"一代绝技"之美誉。譬如《淳化阁帖》是宋太宗令内府拓印的一部汇集各家书法墨迹的拓本合集精品，美国收藏家安思远称它是中国书法中的《圣经》。1994 年，安思远在纽约拍卖会上拍得其中四卷，即《淳化阁帖》第四、六、七、八卷，并于 2003 年将这四卷《淳化阁帖》以 450 万美元转让给中国政府，现收藏于上海博物馆。至明代，拓印的对象范围从隋唐碑刻扩大到汉魏六朝碑志等，拓印技法和拓印用纸也有所发展。清代金石学复兴，嘉庆、道光年间出现了复杂的青铜器全形拓法。这也为钱币拓印注入了新的活力。

千百年来，包括古钱币在内的很多古代文物，轻则因为风吹、日晒、雨淋日渐损坏，重则遭自然灾害、兵燹焚毁，完全消失于历史长河中。欲求古代文献，碑刻是重要途径。无论是殷商断篆、秦汉刻石、六朝墓志、隋唐碑刻，还是宋、元、明、清法帖，以及一切刊刻文字，对考订史实，研究书法，了解古代风土人情、文章词翰、文字源流等等，都是十分珍贵的资料。墨拓对于研究历史文献、文物有着重要的价值。在照相技术诞生以前，那些已经损坏消失或因种种情况无法收藏的文物，就是依靠墨拓进入研究者的视域的。而且许多文物需要妥善收藏与精心保护，不能反复触碰，通过墨拓，研究者既可以取得研究所需的材料，又能避免因多次接触文物而使文物遭受污染或损坏。现代照相技术十分发达，但是细节上的呈现仍然不如墨拓直观清晰。墨拓可以将石刻、古器物上的文字和图案清晰地显现在纸上，供研究者利用。因此，墨拓技艺虽然已历千年，但其存在价值依然不容小觑，它是中华文明传承与发展的重要助力之一。

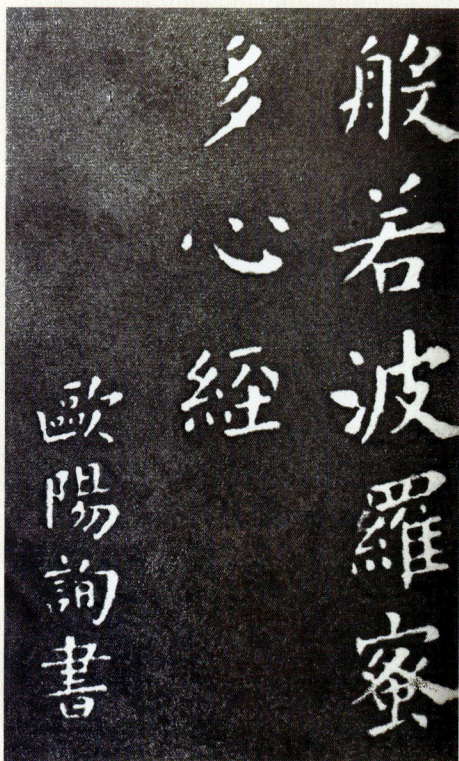

◎ 欧阳询书《般若波罗蜜多心经》碑拓

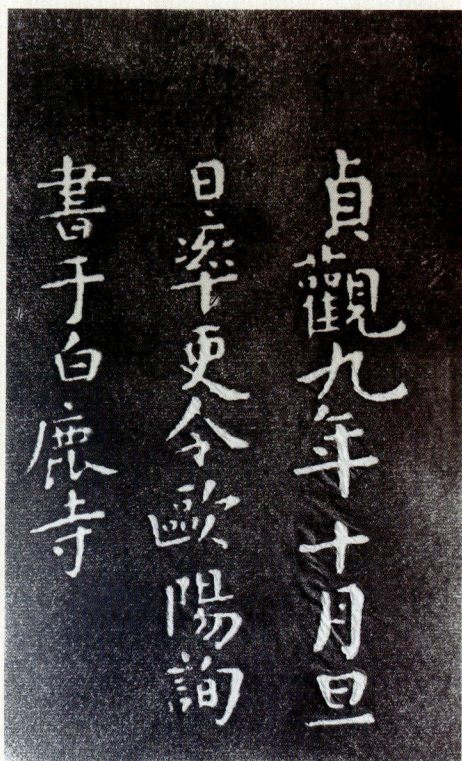

◎ 欧阳询书《般若波罗蜜多心经》碑拓

我们至今还能感受到文物的原貌，遥想古人的风采，全靠流传下来的拓片或拓本。譬如五代十国时期南唐古钱币珍品大齐通宝传世仅见两枚，后来又不幸遗失而下落不明，如今只能靠当时拓印的钱拓来一窥该珍币的风貌了。

◎ 清代吉语花钱墨拓（正面）　　　◎ 清代吉语花钱墨拓（背面）

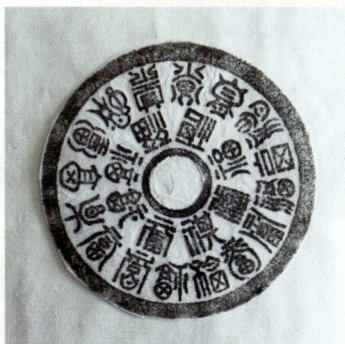

◎ 清代吉语花钱墨拓（正面）　　　◎ 清代吉语花钱墨拓（背面）

　　传拓的纸张必须是结实的生宣，皮纸为好，需要纯手工制作，市面上那种普通的宣纸不行。为了采购合格的宣纸，有时候需要专程跑到四川、安徽等宣纸生产基地。

　　把宣纸覆盖在钱币上，用水打湿宣纸，用卫生纸吸干水分至字体略微发白后，拿出一把小小的刷子，在纸上轻轻刷。三分拓，七分刷，传拓工艺最难的部分其实在于刷。在古代，刷子的制作就很讲究，据说得用十八岁少女的头发才行，因为十八岁少女的头发柔软细腻，用来传拓正合适。笔者认为此说虽有故弄玄虚之嫌，但用于传拓的刷子要讲究也是事实。

　　拿刷子一遍遍细刷后，再用拓包蘸墨，一层层上色。这其中的力道、分寸都需要自己细细体悟，有的金拓做工极细，蘸取金液层层上色，拓好一个面有时需要三四个小时。全部完工后，揭开宣纸，盖上一枚底章。一枚朱红色的底章，瞬间让钱币黑白分明。

　　据传，清代末年至民国初年是拓片最火的时期，价格也最昂贵，那时候管墨拓叫"黑老虎"，倾尽百两黄金，才能换回一只"黑老虎"。

◎ 清末青铜器毛公鼎全形墨拓

钱币彩拓技艺

第二章 传统钱拓的优势与不足

钱币拓印在古代就有几种技法，在隋唐两代都是擦墨拓法，至宋代则发明了扑拓之法，南宋末期又增加了蜡拓。擦拓之法是用毡卷沾墨，顺序擦拓，约三四遍即告完成。扑拓之法是用布或绸包棉花成圆形，名曰拓包（又名扑手），沾墨在钱币上扑拓，也是三四遍完成。蜡拓，用蜡和适量的烟子（烟子是做墨的主要原料），做圆形饼状，名为蜡墨。将湿纸刷碑上，待纸干后，用所制的蜡饼顺序擦拓，以墨不侵入字口内为佳，摩擦一遍，即告完成。

唐宋两代用黄白麻纸来拓印，纸质虽粗，韧力特强，纸色经久不变。宋代拓印有用布纹纸者，拓出后，墨色上有明显的布纹。宋代拓碑帖墨色，有乌金、蝉翼两种。边陲各地，蜡拓较多，因蜡墨携带方便。蜡拓也有两种，一种是用蜡饼擦拓，一种是用墨拓完后，再抹上一层蜡。

除墨拓外，还有朱拓。据说始于唐代，《虚舟题跋》云："雍正六年裴鲁青云：见山东新城王氏所藏唐拓朱砂本《王圣教序》，朱色鲜润，香气袭人，自首迄尾，丝毫无缺，盖初刻成时进御者。"朱拓盛行于明代，一般用鸡蛋去黄加入适量的朱砂，搅匀后使用（也可用蜂蜜和朱砂）。拓法与墨拓相同，只是所用拓包以软毡为宜，扑子和墨拓的一样。应特别注意，上色时须待色干后再上第二遍，否则字画模糊、出色不艳。

总而言之，拓印作为我国一门独特的传统技艺，其基本技法主要有扑拓、擦拓两种。拓印时根据着色的不同、物体的不同，又有丰富多彩的表现形式。这多种技法在流传的大量拓片中都有反映，如轻薄淡雅的蝉翼拓，浓黑闪亮的乌金拓，浓淡墨相间的镶拓，以朱、蓝等多种颜料拓成的朱拓和彩拓，用来拓制古器物形制的全形拓，以及专门拓制造像的高浮雕拓法，等等。除严格意义上的拓印外，还有一些特殊技法，不必经由捶拓这一步骤，亦能复制碑帖器物上的图文，如双钩、响搨、颖拓等。

　　钱币拓印吸收了这些拓印的成熟技巧和不同效果，也发展出自己特定的拓印形式。比如以技法来讲有扑拓与擦拓，有为了追求形式结合青铜器拓印法的全形拓，有为了视觉效果使用的乌金拓、蝉翼拓与隔麻拓，有为了色彩而使用的朱拓或蓝拓等。

　　扑拓与擦拓：扑拓法以扑子蘸墨，均匀扑于拓纸上，是最常用的拓印方法。其特点是墨色均匀，周到精细，能最大限度地体现钱币风貌。擦拓法以擦子蘸墨，平行而快速地擦在拓纸上，此法较为少用。与扑拓法相比，擦拓法的优点是用时少、速度快、光泽好，缺点是只能用于品相很好、版面平整的钱币，若凹凸不平则难以操作。

　　全形拓[①]：全形拓又称器物拓、图形拓、立体拓。它是一种综合了素描、绘画、拓印、剪纸等技术的特别技艺。早期的全形拓不用整张纸，是将器物各部位的纹饰及器铭分拓，再把拓完的各部分拓片，按事先画好的图稿拼粘在一起，故此也叫分纸拓。现今青铜器全形拓的方法是：在拓器物前，先选出能代表该器物特征的最佳角度，用铅笔在准备好的宣纸（皮纸不易破，做全形拓尤佳）上轻轻画出"⊥"形图，以表示器物的水平线和垂直线；再以"⊥"形图为基础，画出被拓印器物原大的线描图；随后把标有器物各部位位置的宣纸分先后覆在被拓器物上，用蘸有白芨水的毛笔刷湿，上纸，用棕刷刷实，用墨拓拓黑后揭下；在拓完器物的各个部位以后用喷壶喷水把拓片整理平整，完成全形拓。全形拓也可用于单枚钱币本身，当制作装饰意味比较强的组合钱币拓片时需结合青铜器的全形拓制作。

---

① 全形拓：又称"器物拓""图形拓""立体拓"，是一种以墨拓技法完成，把器物原貌转移到平面拓纸上的特殊技艺。

乌金拓、蝉翼拓与隔麻拓：乌金拓即墨色浓黑而发亮的拓片，其工艺特点在于以白宣纸加浓墨反复上墨，使拓本黑亮晶莹，光可鉴人，字口清晰。蝉翼拓即拓工精细、墨色匀淡而薄如蝉翼的拓本，望之如淡云笼月，精神气韵皆在有无之间。隔麻拓，有人谓在拓印时以一细麻布衬于拓纸下，而今人则多以"隔麻"，实为"葛麻"之误。所谓隔麻拓，实际即是用葛麻纸拓制之本。此类拓本所留存下来的实物多为宋拓法帖，字完神足，毫发不失，主要特征是纸面隐隐有经纬纹理。钱币拓印在追求不同效果时才会使用这一拓印形式。

在钱币传统拓印的历史中，这些拓印手法不但丰富了钱币拓印本身，而且丰富了整个拓印技艺。至今人们可以看到不少钱币拓印的精拓本传世，成为宝贵的钱拓文化遗产。所谓精拓本即纸墨精良、工艺考究的拓本。此类拓本在拓制之前，要对所拓印的钱币进行细致挑选甚至清理，特别是生坑钱币，遍体皆是泥土或锈迹，须将泥土清洗干净。在此基础之上，又要根据拓印钱币的具体情况选择佳楮良墨，并采取精细的拓法，所谓"先洗剔莹洁，用上料捶宣纸，再以绵包熨贴使平，轻椎缓敲"，如此才能拓得佳作。

以上这些无疑是钱币传统拓印的精髓所在。但是随着时代的发展、物质生活的提高和精神生活的丰富，人们对钱币拓印的审美需求也有了更高的要求。传统钱币拓印虽然也出现了朱拓、金拓或蓝拓，但色彩还是比较单一的。没有生动、精美的多种色彩构成的传统钱拓，在当今社会属于冷门技艺，不利于审美的时代性需求和非遗文化的传承创新。由于当今时代人们更加注重视觉效果，黑白两色的传统钱拓只能在小众范围内流传，加之制作技艺繁复精细以及彩色照相技术广泛应用，传统钱拓非遗文化的传承受到巨大的影响。这种色彩单一的拓印技法明显成为当今社会传统钱币拓印技艺的短板。所以推陈出新，发展钱币彩拓技艺显得尤为重要与迫切！

钱币拓片技艺亟待传承创新。当今泉界拓片文化活动日渐丰富，泉友之间介绍拓片技法、分享拓片作品，可以品评经典拓片拓本，介绍神秘的叠拓、全形拓技艺等等，通过拓片的载体传播钱币文化。

钱币拓片技艺可以创新钱币玩法：十几年前玩钱币很直接，连拓片都很少有人去做。随着智能手机的普及，了解掌握知识非常方便，钱币的玩法也越来越多，会给钱币做拓片的爱好者也不稀奇了，而且拓片的玩法更是缤纷多彩，赢得广大钱币爱好者的喜爱。过去许多人从一枚硬币蒙上白纸用普通铅笔涂抹形成的铅笔拓开始；在没有墨拓工具的情况下，因陋就简，采用复写纸拓法；再后来学习用宣纸进行墨拓。这些对钱币拓印技艺的学习，加深了对钱币的认识与钱币文化的传播。

总之通过拓片可以帮助记录古钱币。传统做法主要是以下几种：一是墨拓。这是一种有效的科学记录方法。将古钱平置在工作台上，不平时可下垫几块橡皮泥。蒙上拓纸，用压板压住，用湿布润湿古钱上的拓纸，稍干后，垫上几张纸或塑料薄膜，并用棕刷一遍遍地排刷，刷去拓纸下的空气水泡，直到拓纸与古钱紧密贴住。拓包先润潮，蘸墨少许，轻轻捶拍拓纸，色宜枯浅而匀淡；干后再上几遍墨，墨色乌黑发亮。二是蜡墨拓。这是一种简易拓法，用蜡墨来代替墨和拓包。用蜡墨拓法的拓本欠逼真，通常不做正式资料保存。此法对拓纸的要求不高，只需要薄而韧的纸。将拓纸蒙上古钱，用压板或左手压住，把蜡墨在拓纸上擦抹几次就可以了。三是复写纸拓法。在没有墨拓工具的情况下，可以因陋就简，采用复写纸拓法。具体做法是在古钱币上蒙以拓纸，然后把复写纸的复印面盖在拓纸上，用软铅笔在纸上均匀擦几遍即可。

钱币拓片中除了规规矩矩的平面拓片，还有叠拓，装裱起来非常漂亮。还有很多钱拓爱好者将拓片装裱成册，盖上印章，题上文字，分享在网上，大家看着都赏心悦目。但做拓片相对来说是个复杂的技术活，接触的人不能算少，却也不算普及。

◎ 古钱币彩色叠拓

第三章　钱币彩拓基本技艺介绍

的色彩未干，对其上纸，即将宣纸覆盖在钱币上；然后使用干净的拓包轻轻敲打宣纸；最后根据经验，感觉效果满意后，轻轻地将宣纸揭下。但采用这种拓印方法拓出来的钱币文字往往是反书，不适合欣赏，故很少采用。

间接拓印的方法如同普通墨拓法，只是改用颜料进行拓印。这种方法要求对颜料的湿度和黏稠度有恰当的把握，对宣纸吸水性能和颜色在纸上的过渡程度有准确的掌握。因下文有此法的展示，故此处不做赘述。制拓时先将钱币用双面胶固定在工作台上，用宣纸覆于钱币之上，用喷雾器喷湿后宣纸紧贴在钱币身上；然后用卫生纸将宣纸的水分吸干，用拓包蘸深浅浓淡不同的颜色在宣纸上拍打着色。这种钱币彩拓的制作过程比较复杂，入门容易，但要学精很难。一张钱拓需经多次使用各种大小不同的拓包拓印，反复调整颜色才能完成。在艺术风格上这种钱拓色调凝重、层次丰富，给人细腻、逼真之感。

完成钱币拓印后，可以运用国画技法进行修饰和添加书画、印章等辅助内容，以求达到更佳的艺术效果。

◎ 丝绸彩色叠拓北宋"打马格"钱

第四章　钱币彩拓对传统钱拓的传承与创新

钱币彩拓吸收和传承了传统钱币墨拓的所有手法和技巧。不论是擦拓或者扑拓，还是视觉上的枯湿浓淡，都是一脉相承的，所以钱币彩拓传承了传统的钱币墨拓技法。在创新方面，钱币彩拓弥补了传统钱币拓印的色彩单一、取料不严谨和缺乏层次感的缺陷，并创造出新的拓印技法，特别是借鉴了鱼拓的一些先进技法。此外，随着现代人们对装饰审美需求的提高，又发展出了拓印、绘画相结合的形式与艺术装裱效果。

一、钱币彩拓对鱼拓技艺的传承与借鉴

钱币彩拓有对鱼拓技艺的传承与借鉴。鱼拓是一种将鱼的形象用墨汁或颜料拓印到纸上的技法和艺术，起源于中国宋代。鱼拓技艺的发明，灵感源自中国古老的碑拓技艺。在鱼拓作品上可以描绘水草或山水、书法或题写诗词，钤盖印章，形成诗书画印的艺术品。将鱼拓作品装裱好放入镜框悬挂在家中，就成为非常好的装饰，同时又具有纪念意义。鱼拓技艺是实物与创意相结合的渔文化艺术，是渔文化产业外延扩张的产物。作为渔文化的重要内容，由于工艺复杂，鱼拓对材料要求和制作者书画技艺要求均较高。

鱼拓也是记录和展示不同种类的鱼的身长、形状、颜色等体表特征的一种方法。鱼拓古已有之。现存早期鱼拓作品有清初曹溶所藏无名氏鱼拓及清代皇室宗亲溥儒朱砂鱼拓。追溯鱼拓历史，可以概括为三个阶段：

（一）"墨汁鱼拓"阶段

20 世纪 30 年代，鱼拓在日本兴起。日本人制作的鱼拓称作"鱼折"，由于鱼折技艺主要传承了中国具有一千多年历史的碑拓技艺，才改称"鱼拓"。日本鱼拓的发展轨迹也与中国文物考古时通用的传拓技艺发展有着极其相似的道路。早期的鱼拓以墨汁作为颜料，在拓印的技法上与传拓技

艺中的乌金拓类似，作品缺乏层次感和明暗变化，谈不上有多少艺术含量，只能说是记录了所获鱼的大小。后来做鱼拓的人将墨汁进行了调配，将鱼鳍拓出了透视感。这种拓技与早期传拓技法中的蝉翼拓相似，使鱼拓作品显得生动了许多。同时这时期的鱼拓作品吸收了我国全形拓的一些技法，更注重作品的整体形态，对形体变化较大的鱼，采用了分次补拓的全形拓技法，较最初的鱼拓作品细腻了很多。目前仍有许多鱼拓爱好者热衷于墨拓。

（二）"彩色鱼拓"阶段

鱼拓发生了根本的变化是在 20 世纪五六十年代。随着社会的进步，科技的发展，特别是颜料的创新，使彩色鱼拓的产生成为可能。彩色鱼拓的出现使鱼拓作品发生了本质的变化，在技法上从最初的拓出鱼形到拓出色彩层次的变化，进而拓出不同鱼的本身特点；在继承中国传拓技法的同时，吸收了西方油画技法，表现光线的明暗变化是鱼拓技术的又一大进步，赋予鱼拓更真实的色彩，完美地展现了鱼的质感，使鱼拓作品更加新颖、生动。而在作品的布局上，很好地吸收了中国画特色，作品中并无水却给观赏者以强烈的鱼儿戏水的感觉。鱼拓的技法和表现形式更趋成熟，更具鲜明的特性。鱼拓不再仅仅是为了记录渔获，而主要是为了欣赏和收藏，这样就产生了真正意义上的鱼拓艺术。

（三）"艺术鱼拓"阶段

时至今日，鱼拓艺术正处于快速发展阶段，已基本确定了其固有的艺术表现形式。鱼拓艺术与传统的绘画、摄影同属于造型艺术，有相同点，例如存在着构图、印章、题款等。同时鱼拓也有其自身的艺术特点，在制作过程中，整个鱼形除了眼睛允许绘画以外，其他部分必须是拓印而成，不允许用笔再加工。丰富画面的水草、树叶、贝壳等景物，也同样是拓印而成的。

鱼拓以颜色分类可分为黑白鱼拓和彩色鱼拓。以制作方法分类，可分为直接鱼拓和间接鱼拓：前者是直接在鱼体上涂色，再覆纸按压而成；后者是先在鱼体上覆纸，然后用拓包在纸上打色而成。目前我国的鱼拓主要还是采用直接拓法。这种拓法制作相对简便，耗用的时间少，一条鱼可重复拓印多次，能够充分展现鱼的质感，展现鱼的风采和魅力，使鱼拓作品显得生动，充满活力。在韩国与日本，间接拓法极为普及，其拓制工具非常讲究，颜料也不与鱼身直接接触，保证了鱼体的干净清洁。不过，与直接拓法相比，间接拓法工序复杂，制作时间长。鱼拓的间接拓法是钱币彩拓技艺的重要借鉴。

鱼拓的魅力，不仅在于它有欣赏价值、收藏价值，而且在于每个人都能亲自动手制作，并从中提高美学修养，丰富鱼类知识，享受高雅情趣。钓鱼归来将所获之鱼做成鱼拓，并注明垂钓的经历，不但可以美化居室，更是将垂钓过程延长，充分享受垂钓给自己带来的快乐，还可以向亲朋好友展现自己的垂钓技术，讲述精彩的钓鱼过程，传递垂钓的快乐。

鱼拓作为渔文化的一项内容，发展前景极为广阔。在中国、韩国、日本，将渔获制作成鱼拓非常盛行。鱼拓已走向市场，成为一门渔文化产业，有专用的鱼拓颜料和纸张，出现了大批鱼拓社团和职业鱼拓艺术家，一些未曾钓过鱼的妇女也加入鱼拓制作行例。杭州千岛湖发展有限公司一直以来都非常注重鱼拓文化的积累、交流和发展，先后举办两届"国际鱼拓展"，成立了国内首家鱼拓社。该社积累近一千幅鱼拓作品，并开发系列鱼拓文化产品上市，取得了令人瞩目的发展，参与鱼拓制作的人越来越多。目前，一批热爱鱼拓艺术的先行者，正不遗余力地推广鱼拓艺术，从全国各大钓鱼网站上，我们不时地能看到精美的鱼拓作品以及鱼拓制作方面的文章，一些网友通过网络相互交流，切磋技艺。网友们的学拓热情极其高涨，鱼拓艺术工作室也应运而生，在全国范围内鱼拓作品受到广大人群喜欢和认可，拥有一幅精美的鱼拓作品成为时尚。国内亦研制出鱼拓专用的颜料、纸和笔，逐步推入市场，鱼拓艺术与诗、书、画、印相辅相成，融于一体，成为艺术殿堂里的一朵奇葩。

◎ 日本鱼拓画

◎ 日本鱼拓画

　　鱼拓范围随技术的进步而扩大。螃蟹、毛蟹、龙虾、对虾之类的甲壳动物，章鱼、鱿鱼、乌贼之类软体动物，紫菜、海藻、浮萍、石莼之类海中隐花植物，还有贝类、珊瑚等都有人去拓印。在工业技艺突飞猛进的今天，鱼拓还可印在皮革、衣料、瓷器、漆器、金属器皿和塑胶品上。彩色鱼拓图案宜做椅垫、窗帘、床罩、灯罩、皮手袋、包装纸、衬衣、领带与腰带等装饰。艺术爱好者会考究地挑绫子、绳圈、轴头，算尺寸，选托底纸质和框子，把鱼拓精心裱褙后，悬挂于室内做赏鉴用。有些鱼拓家也愿意接受私人或机构的委托，拓印对方指定型类大小的作品。

　　现在的鱼拓不再限于衡量鱼身的大小，已成为一种受人喜欢的艺术。它使现代人于大自然环境污染情况日趋严重的

◎ 贝币、鱼币彩色组拓

今天，可在呈现丰富的鱼拓作品中，透过视觉艺术感受认识到江河湖海生态的真形美姿。

二、钱币彩拓对墨拓、全形拓技艺的传承与借鉴

①墨拓：从碑刻、铜器上墨拓下来的书迹或图像。实物最早见于唐代。方法是用宣纸受湿蒙于器物碑刻上，椎之，使宣纸呈凹凸，蘸墨拓成。古时用竖纹纸、油烟墨，拓后砑光，墨色乌黑有浮光的，称"乌金拓"；用横纹纸、松烟墨，色青而浅，不和油蜡的，称"蝉翼拓"。

②全形拓：全形拓又名"立体拓""器形拓""图形拓"，是一种以墨拓作为主要手段，辅助以素描、剪纸等技术，将青铜器的立体形状复制表现在纸面上的特殊传拓技法。相比于传拓的悠久历史，全形拓其实是很新的。颇为有趣的是，照相技术在全形拓发明不久后传入中国，"见拓若见器"的全形拓转眼就成了旧技术。然而出乎意料的是，全形拓却在晚清

民国时迎来了鼎盛时期。国家图书馆贾双喜先生等曾整理出版了馆藏的数百件青铜器全形拓本（《北京图书馆藏青铜器全形拓片集》），经统计，除去一部分为清人制作，大部分全形拓本属罗振玉、陈宝琛、孙壮、刘体智、周希丁、马子云等人督制或亲制，制作时间已在民国。若分析其原因，则清末民国时古物出土百倍于前，金石学大兴，而以古法拓制古物，承载的实际上是文人对于金石雅趣的追求与鉴赏的需要。因此，在最初的传古目的被照相技术替代之后，全形拓技术仍得以保存甚至继续流行，正如绘画并未在照片流行之后消亡一样。

全形拓如何制作？这是比较受到关注的一个话题。正如山水画并非实景，全形拓的制作亦非写实。全形拓仅在原器上制作部分拓本，再通过对器形的解构、思索，进而重新组合出最符合古器状貌之立体拓本，最后用拓包和墨将空隙处补全。台湾"中央"研究院史语所《古今论衡》曾介绍傅万里先生全形拓技术，即以《以扑子作画的全形拓技艺》为题（《古今论衡》第20期）。从这个层面来讲，全形拓虽然名为拓，实际上部分是画，与完全从纸上照搬的拓法有着很大的差别。而拓师对器物的理解、悟性，决定了全形拓能否对古器有着准确、妥当的表达。全形拓虽如古器之"掠影"，却与其他门类相同，其本身亦有着高下之别。上乘的全形拓本庄重肃穆，自有古雅兴味，而不入流的拓本则往往形神粗鄙，与书卷气息相去甚远。白谦慎先生认为，传拓虽然是一种复制（reproduction）手段，然而由于锤拓轻重、纸墨浓淡的细微差别，拓本区别于那些"被泯灭了历史感的机械复制品"（《吴大澂和他的拓工》）。上乘的全形拓本，也显然脱离了复制本的范畴，而成为一种富有古趣的艺术创作。

钱币墨拓只要用墨即可，而彩拓还需要用矿物或植物颜料，这是一个很大的技术创新。蓝色的是绿松石，红色的是朱砂，金色的是金粉。世人都熟悉的唐卡，其制作用的是纯天然的矿物质，为的就是色彩能持久传承。钱币彩拓所用的颜料也如唐卡一样，用的是纯天然的矿物质。一小块矿物质放在研磨用的钵盂里，细细地磨，慢慢地磨。矿物颜料研磨得越细，拓出来的东西才越精美逼真。

必须用那种特别密实的鬃刷，因为只有足够密实，在拓印排纸的时候才能将纸张排瓷实，才能拓出层次分明、虚实有序的彩拓来。

现在的人认为制作彩拓应该跟艺术家一样，不仅要亲手去拓印，就连基础的一些活计都要亲力亲为。不自己制作颜料就不知颜料的品质，不亲自去磨那鬃刷子，扎那扑子，就不会有适合自己的顺手工具。然而更重要的是，制作彩拓是十分枯燥的事情，需要心静更需要热爱，也只有经历这痛苦的前期准备，才能让浮躁的心安静下来。只有静下心来，平静空无杂念的心才能领略这古钱币上文字与图案的韵味，才能明白古代钱币文化的深邃与意境。也只有这样制作出的钱币彩拓，才有灵魂。

制作钱币彩拓的工具也要继承传统，因地制宜，精心挑选。比如拓印用纸。传统拓印因为南北地域有所不同。北京是用清水闷纸，山东、河南、陕西等地则用胶矾水闷纸，或用白芨水闷纸。北京扑拓工具是用绸或布包棉花，而山东、河南、陕西各地则用绸布包糠皮、头发，更有包锯末或小米的。用胶矾水闷纸，有优点也有缺点。优点是易于上纸不易破。胶有黏性，刷上纸后，虽干也鼓不起来，易于着墨。缺点是拓本不能经久延年，日子一长，脆而易碎。用清水闷纸，虽有易破鼓起之弊，然而可经久不坏，有利于长久保存。

彩拓是在古老的拓片技法上得以发展的一种特殊技艺，它是任何现代化机器所不能取代的传统手工技艺，是"活着的"非物质文化遗产，这种非物质文化遗产是在原有的朱砂和墨两种拓印法的基础上继承传统技法，独家创作发展成多种色彩的彩拓技法。彩拓之所以珍贵，一是其深刻内容，二是其独特技法，三是其拯救了濒临失传的传拓技艺。通过拓印的方式"延续"了古钱币的生命，它成为钱币爱好者收藏古钱币的纪念及快乐的延续。钱币彩拓的魅力，不仅在于它有欣赏价值、收藏价值，而且在于收藏爱好者能亲手制作，从中提高美学修养，丰富钱币知识，享受高雅的生活情趣。

钱币彩拓艺术的创作方法吸取了中国传统的全形拓特点，又发展了传统"拓"与"画"的技法，具有极其鲜明的个性特征，能够将钱币上的细部特征，真实地反映出来，甚至比彩色照片更真实、更直接、更艺术地展现钱币的美丽，这是与其他艺术表达形式不同的地方，也是其他艺术形式所不能比拟的。彩拓所独特的艺术语言，就是"拓"，任何部位都是拓印下来的，这是彩拓艺术的独特的艺术语言。同时，它又结合了"画"的艺术，"拓"与"画"两种技法融为一体，这是前所未有的传承创新。

钱币彩拓是造型艺术，与同属造型艺术的摄影、绘画有着共同点，即在作品构图上存在聚散、虚实、疏密、参差、纵横、藏露等关系的处理。但是在钱币彩拓作品中钱币是主体，应注意钱币与辅助题材的主次关系，画一定要处于辅助的位置，不能喧宾夺主，宜简不宜繁，宜淡不宜浓。钱币彩拓与我国传统的诗、书、画、印相辅相成，融为一体，发展成为中华艺术殿堂中的又一枝绚丽花朵。

钱币彩拓根据视觉效果的要求，尝试各种工具材料在拓印中的综合运用，最后对拓片画面产生独特影响。通过美丽的色彩和丰富的想象力构成完美的图案，运用美学理论和审美观念来塑造外形，采用画家的基础功底来完成色彩的搭配，把钱币表现于纸、锦缎之上，用钱币彩拓表现历代钱币的精髓，让其栩栩如生，比照片更传神，这是钱币彩拓追求的最高艺术境界。

西藏的僧侣们在画唐卡时需要通过诵经来涤荡心灵，这样制作出来的唐卡似乎蕴含着某种神奇的力量。而制作彩色钱币拓片，拓师也必须平心静气、一丝不苟地制作，重复、单调、劳累、烦躁，熬过了多少苦，这又何尝不是一种独特的修行！

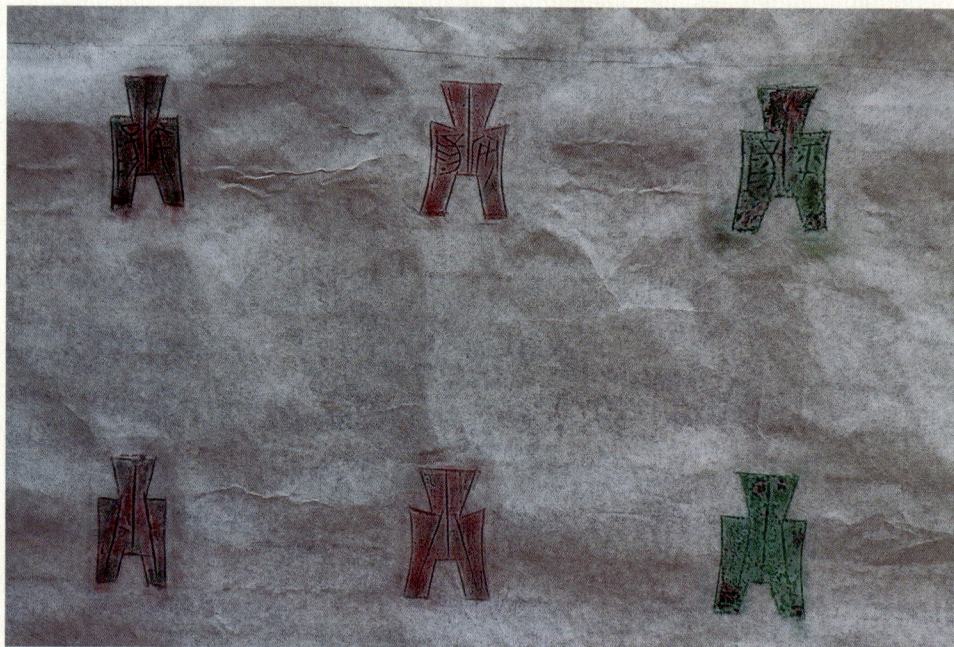

◎ 战国平阳、安阳、宅阳布币彩拓

◎ 百年好合、天长地久吉祥钱彩色叠拓

钱币彩拓技艺

第五章　钱币彩拓技艺的教学与展示

　　因为不同拓印作者视觉审美的不同，对所需材料的选用也有许多细微差别，所以本书的教学展示仅按常规钱币彩拓法进行。同理，因为直接彩拓法追求特殊效果并且对钱币伤害比较大，而且用直接彩拓法拓印钱币的文字是反的，不适合传拓要求，所以本书的教学以间接彩拓法为例。

◎ 本书作者在浙江金融职业学院做钱币彩拓教学示范

◎ 本书作者在浙江金融职业学院做钱币彩拓教学示范

◎ 本书作者在浙江金融职业学院做钱币彩拓教学示范

◎ 本书作者在浙江金融职业学院做钱币彩拓教学示范

◎ 钱币彩拓工作室

（1）准备好工具，裁好宣纸，将古钱币平放在胶皮垫中央（如钱体不平可用少量橡皮泥填补，空首布最好有专门的钱托，防止拓印给古钱币带来损害）。

◎ 钱币彩拓需准备的工具

（2）毛笔蘸水沿钱币外郭湿一圈（不需要整个表面都涂水），覆上宣纸，水会渗出钱形（这一形状是钱币在拓片上的位置），然后用毛笔把钱币形状凸显的部分都涂湿。

◎ 把覆盖在钱币上的宣纸沾水

（3）铺上一层吸水纸（宣纸或纸巾），用吸水包轻压几次，拿去吸水纸，但此时拓纸与钱币表面一般不是紧贴的。

（4）蒙上一层保鲜膜，用打刷轻砸文字与内外郭，使拓纸紧贴钱币表面，字口凸显出来。

◎ 钱币墨拓

（5）拓半干的时候就可以上色彩了（此时也可套上压板），最好淡彩轻拓，分次上色。第一次上色后虽颜色较浅，但色彩是均匀的，然后第二、三次上色，颜色逐渐加深（有些阔缘钱币外郭不易着色，可以多打两遍），感觉浓淡合适，捶拓就完成了。在此过程切记不要浓色重打，不但拓片打不好，还有可能损伤钱币，开始做拓片时一定要轻轻捶打钱币，慢慢加重，掌握分寸，切忌操之过急。

◎ 钱币彩拓

34

（6）将拓纸轻轻揭下，再捶打背面，双面捶打好后夹在书本里压平（压力大些好，可以放些重物），待干透平整后，在适当位置进行题签并钤上印章，一件钱币彩拓就做好了。

钱币彩拓画图片展示：

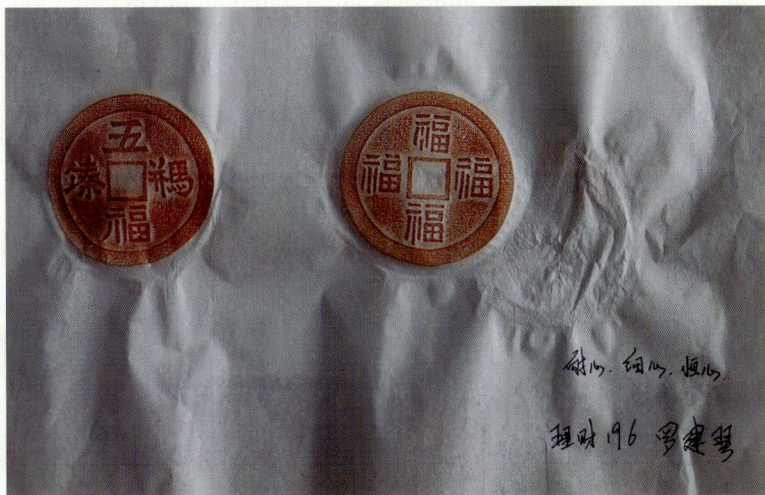

◎ 学生彩拓习作之一

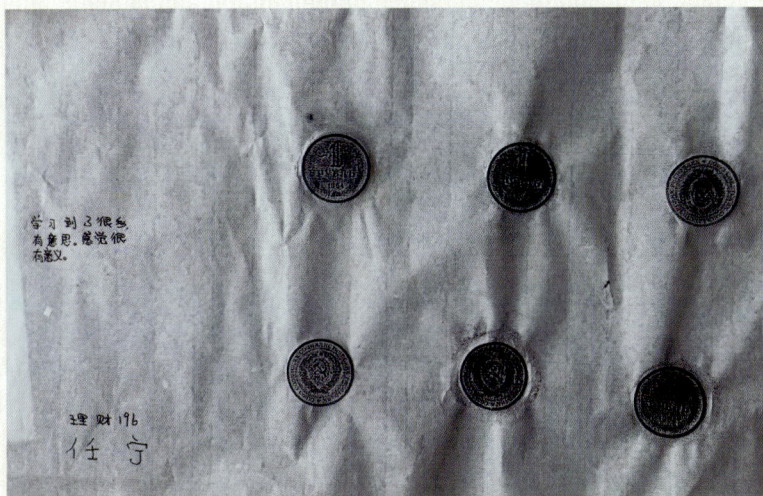

◎ 学生彩拓习作之二

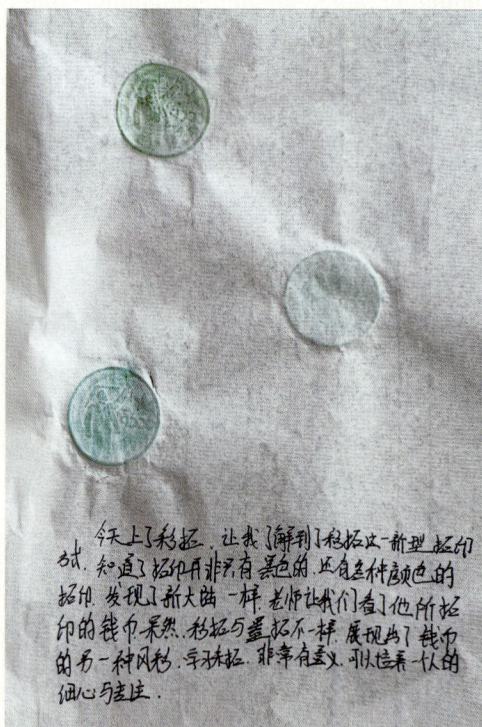

今天上了彩拓，让我了解到了彩拓这一新型拓印方式。知道了拓印不非只有黑色的，还有各种颜色的拓印。发现了和大曲一样，老师让我们看了他所拓印的钱币果然，彩拓与墨拓不一样，展现出了钱币的另一种风彩，与石拓、非常有意义，那怎养一个的细心与专注。

◎ 学生彩拓习作之三

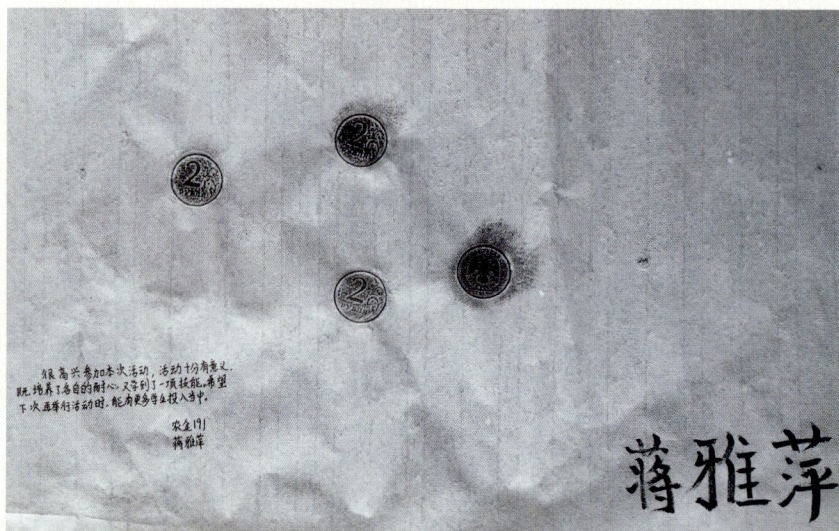

很高兴参加本次活动，活动十分有意义。
既培养了自己的耐心，又学到了一项技能。希望
下次再参加活动时，能有更多学生投入其中。
农金1刊
蒋雅萍

蒋雅萍

◎ 学生彩拓习作之四

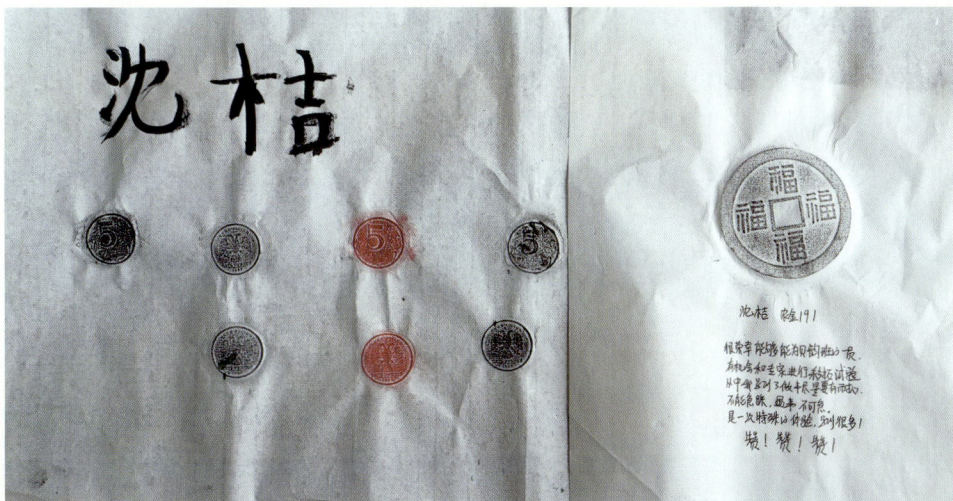

◎ 学生彩拓习作之五

◎ 学生彩拓习作之六

一张丰满的钱币彩拓，是层次丰富的，拓本上清晰的文字图案，是钱币彩拓技艺的极致表现。除了钱币的文字与图案，钱币锈色与包浆之间层叠的立体感也是彩拓追求的质感，有时候就连古钱币身上细小的结晶锈也不能落下，必须完整地拓印出来。

在平整的画卷上要表现钱币本身的立体，则需要色彩的造就，包括从淡到浓的过渡、虚实变化的衔接、颜色变换的光泽，是考验创作者功底的关键点。

上色前，要熟悉钱币本身的颜色过渡，根据钱币本身状态调整颜色浓淡，一般从边郭颜色重的地方开始，由浓到淡，由上到下，按照钱币的颜色浓淡开始上色，而且上色的动作要利索轻快，避免重复上色，最后拓出钱币上不规则的底色。认真细致地拓印出的古钱币底色是钱币彩拓大师赋予这幅作品的灵魂。

◎ 清吉祥花钱彩拓

第六章　钱币彩拓对弘扬钱币文化的作用

钱币拓印技艺自发明至今千余年来，为我们留下了丰富的文献资料和琳琅满目的艺术作品。就像历代铸造或雕刻的金石器物现在或已不存人间，或剥蚀漫漶，它们的拓本却将它们原始的风貌惟妙惟肖地保留下来。伴随着拓片的产生，装潢拓片的技术也随之出现。上乘的古钱币拓片，墨色长期不变，是照相难以胜任、难以保存的。由于拓片自有独到的作用与趣味，久为艺坛和文史学者所重视。钱币彩拓比普通钱币墨拓更胜一筹，经装裱后不但增强了其艺术效果，而且便于观赏、收藏和保护。千百年来，虽然拓印技法不断地得到丰富完善，但一直靠师徒相承的方式传承，理论研究较少。近一百多年来，才逐渐出现了总结拓印技艺的相关著述。随着时代发展，我们需要不断总结传拓经验，并把它上升到理论高度进行系统认识，以此来指导进一步的实践创新。

一、开发钱币彩拓技艺的时代价值

相较于墨拓的清冷风格，彩拓的"写真"拓本从黑白墨色的粗犷逐渐演变成色彩逼真的写意，生动地还原了古钱币黄赤黛紫百媚生的真实面貌。

同时，钱币彩拓也可以根据自己的喜好调制颜色，做好彩拓的作品上面还可以描绘人物或山水，书法或题写诗词，钤盖印章，形成诗书画拓印汇于一体的艺术品，为书法、绘画、拓印作品提供了更多的有效的表现形式，对中国古代书画拓印艺术的发展与传播具有重要的意义。将钱币彩拓作品装裱好放入镜框悬挂在家中或办公室是非常好的装饰，同时又具有纪念意义。同样，钱币彩拓的流传，必定可以使人们对古钱币产生崭新的审美情趣，可以使更多的青少年加入发现欣赏古钱币的队伍中来。钱币彩拓对传承弘扬钱币文化必定会产生深远的影响。

钱币彩拓艺术是钱币文化产业的衍生品。彩拓不一定

40

只拓印钱币，只要是有纹理的东西，例如铜镜、青铜器、鱼虾、贝壳或其他表面有凹凸纹理的东西，都可以用彩拓的方法进行印制。钱币彩拓技艺是现代文明与社会进步的体现，是钱币文化产业外延扩张的产物，是现代社会人们所喜欢的休闲娱乐的行为，是艺术家所执着推广发展的朝阳性艺术行业。我国的钱币收藏活动，参与的人是越来越多，但古钱币资源是有限的，开发钱币彩拓文化产业有利于挖掘钱币资源，传承文化瑰宝，促进钱币文化经济发展，提升中华特色文化品牌。

交流技艺，增进友谊，传承文化，促进国际合作。钱币彩拓技艺作为一种钱币文化，在一幅幅栩栩如生的钱币彩拓作品中，传递了中华优秀传统文化的博大精深、源远流长。钱拓每个人能自己动手做，完成后不仅可以留作永久的见证和纪念，而且可以让大家共同欣赏。一张成功的钱拓，既是纪念品又是宣传品和艺术品，有稳重的朴实之感，有真实的艺术之美，不禁使人产生喜爱之情。大力宣传推动钱币彩拓文化的传播，举办各类钱拓制作研讨会或者钱拓精品展演等中外大型交流活动，这不光是世界各国拓印艺术专家的技能交流，更是各国钱币文化的交融与传承，同时推动了中外钱币收藏界的友谊与合作，成为宣传中华钱币文化的一张亮丽名片。

加强钱拓艺术的理论研究与技术创新，立足实际，从多角度、全方位、深层次、多方参与、整体把握、借鉴创新等方面加以推进，建议中国钱币学会和省市各级钱币学会成立钱币彩拓艺术研究会，对钱币彩拓艺术的学术活动加以指导与管理。

将钱币彩拓艺术融入经济发展中，与钱币研究、艺术鉴赏、收藏拍卖等相结合，形成一个三位一体的综合性钱币文化产业。钱币彩拓艺术产业的发展，不但会提升人们的生活品味，推动钱拓文化经济发展，而且从事钱币彩拓的流通和制作加工，如钱币彩拓艺术品、印刷品（文化衫、服装、衣帽等拓例印）等销售，能带动钱币文化产业的发展。

建议在全国成立钱币彩拓研究会，建立一套健全的钱币彩拓艺术评比制度，使钱币彩拓艺术逐步步入正规化、规范化的道路，使钱币彩拓比赛与评比形成届次化、制度化、普及化，从而打造中国特色的钱币文化品牌。

促使新闻媒体对钱币彩拓艺术进行大量的宣传报道，与相关媒体达成共识，共同发展钱币彩拓文化产业，以扩大钱币彩拓艺术的社会影响力和知名度，促进钱币彩拓艺术及钱拓展演活动的快速发展。

利用地方高职院校为区域经济发展服务的职能及高职院校的教育资源，建立钱币彩拓工作室，将钱币彩拓艺术文化列入高校选修课程，其作用如下：一则弘扬源远流长的拓印技艺；二则推动高校的非遗教学；三则传承中华钱币文化瑰宝；四则促进钱币彩拓技艺的可持续发展。

任何作品开发的要素虽然只适用于一种项目，但各要素的侧重点视不同的情景而不同。而钱币彩拓休闲艺术文化的魅力不仅在于具有欣赏和收藏的价值，而且在于开发钱币文化产业的深远前景。在当今经济一体化、文化全球化的大背景下，一项有生命力的休闲艺术文化应该将其多样性和包容性的艺术内涵及精华充分继承与发扬。钱币彩拓艺术文化与我国的诗、书、画、印相辅相成，融为一体，必定会成为中华艺术殿堂里的一朵奇葩，在吸纳艺术精粹时必将带动文化产业的大发展、大繁荣。

◎ 五代十国天策府宝珍钱彩拓（正面）

◎ 五代十国天策府宝珍钱彩拓（背面）

◎ 清代苏炉状元及第背福禄（鹿）方孔花钱彩拓（正面）

◎ 清代苏炉状元及第背福禄（鹿）方孔花钱彩拓（背面）

二、钱币彩拓技艺对弘扬中华货币文化的贡献

钱币拓印技艺是古代的重要发明之一，对搜集保存古钱币文献具有重要作用，原物一旦遭遇天灾人祸损毁，拓本仍能再现原貌，为研究者提供准确的文献资料。钱币彩拓这种让钱币刻录传承于世的技艺，更有意义。在珍稀古钱币濒临消失的当今社会，钱币彩拓能够最鲜活地展现古钱币的真实风采，是科普教学和传统技艺的延续。

绘画，可以一边画一边观察，出现差错可以想办法修补，可以用深色来遮盖。钱币彩拓制作不一样，由于其制作技艺的特殊性，把纸张揭起来之前，我们是不能完全知道制作出来的效果是怎么样的。所以，在上色、渲染、过渡、铺纸等过程中，都必须要做到完全的专注，任何一个环节的差错，都直接影响到作品的效果，甚至导致失败。一个出色的画家，作品成功率很高，出现佳作的概率也随之提高，而一个熟练的钱币拓师，作品成功率是无法绝对保证的，因为影响钱币彩拓制作的因素实在是太多了！

◎ 新朝王莽货布彩拓（正面）

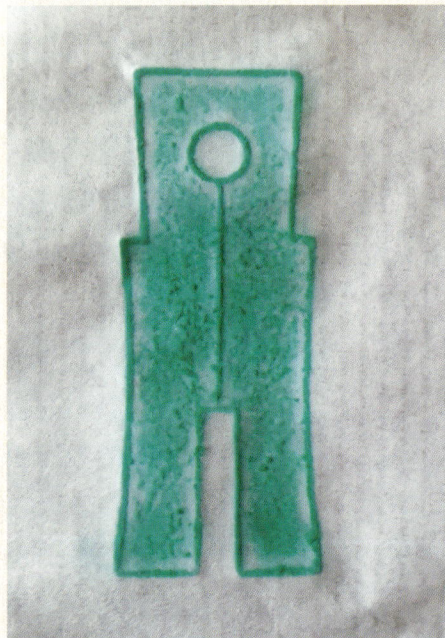

◎ 新朝王莽货布彩拓（反面）

第七章 钱币彩拓集锦

◎ 清福寿双全背万年荣贵吉语花钱（苏炉）彩拓。此钱于 20 世纪 90 年代得于宁波三市旧货市场

◎ 清金玉满堂背长命富贵吉语花钱（苏炉）彩拓。此钱系笔者于 1993 年春以十五元的价格得于宁波三市旧货市场，曾想以二十元的价格出售，当时竟然没人要，得以幸存

钱 币 彩 拓 技 艺

◎ 清道光通宝背天下太平宫钱（得于宁波范宅）

◎ 清同治通宝背天下太平宫钱

◎ 清福禄寿喜图吉语花钱彩拓

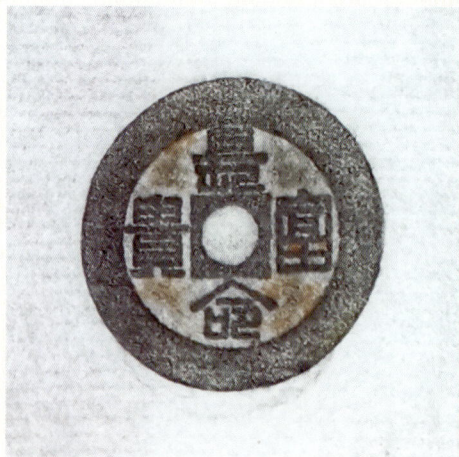

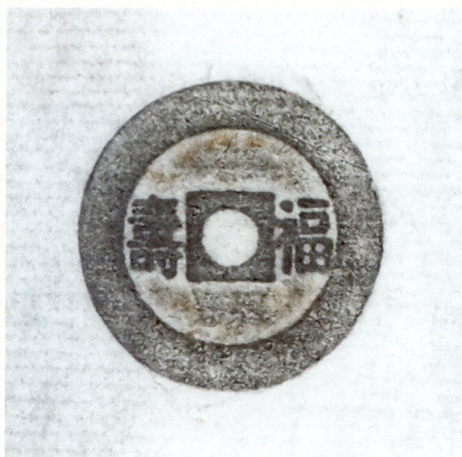

◎ 清长命富贵背福寿宫钱（此钱二十多年前得于宁波鼓楼古玩店）

◎ 清福寿康宁背龙凤呈祥方孔花钱（贵炉）彩拓（此钱十多年前得于宁波范宅古玩市场）

◎ 清福如东海背鱼跃龙门方孔花钱彩拓，黄铜质（此钱为花钱世界微拍所得）

◎ 清五子登科背龙凤大花钱彩拓，黄铜质（2005年得于湖南长沙收藏品市场）

◎ 清柳荫垂钓处不乐复何如异形花钱彩拓，黄铜质（2003 年得于杭州"二百"大收藏品市场）

◎ 清顺风大吉满载而归花钱彩拓，黄铜质（1995 年得于宁波三市旧货市场）

◎ 清八卦雷霆咒语方孔厌胜钱彩拓，黄铜质（得于宁波范宅收藏品市场）

◎ 清驱邪辟恶背五毒厌胜钱彩拓

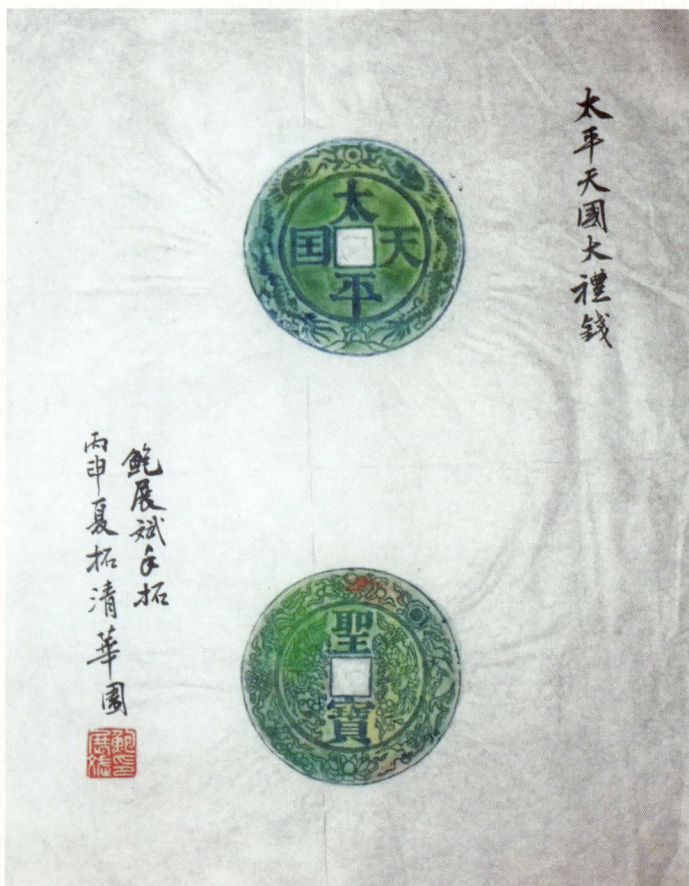

◎ 太平天国圣宝大花钱彩拓。此花钱非到代真品，民国时仿（得于宁波范宅，拓于清华园）

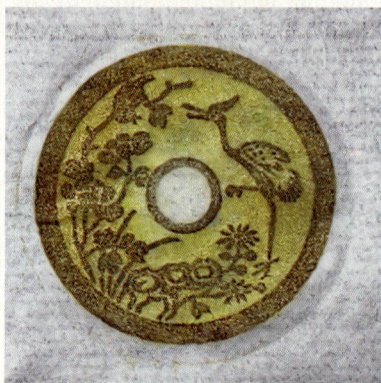

◎ 清一路（鹭）平安（鹌鹑）背吉语花钱彩拓

太平天國聖寶大禮錢

時在丙申夏月
鮑展斌手拓

◎ 太平天国太花钱彩拓

二、钱币叠拓

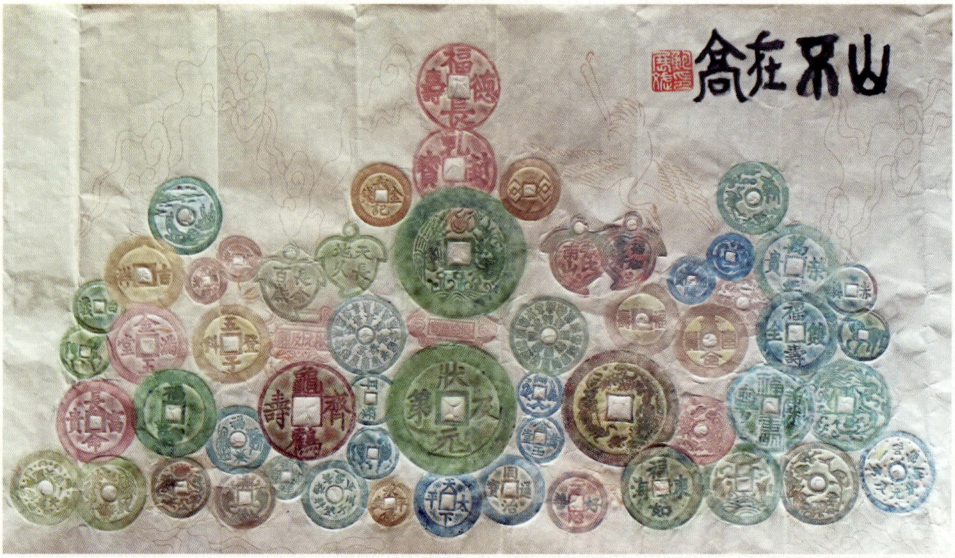

◎ 吉祥花钱叠拓："山不在高"

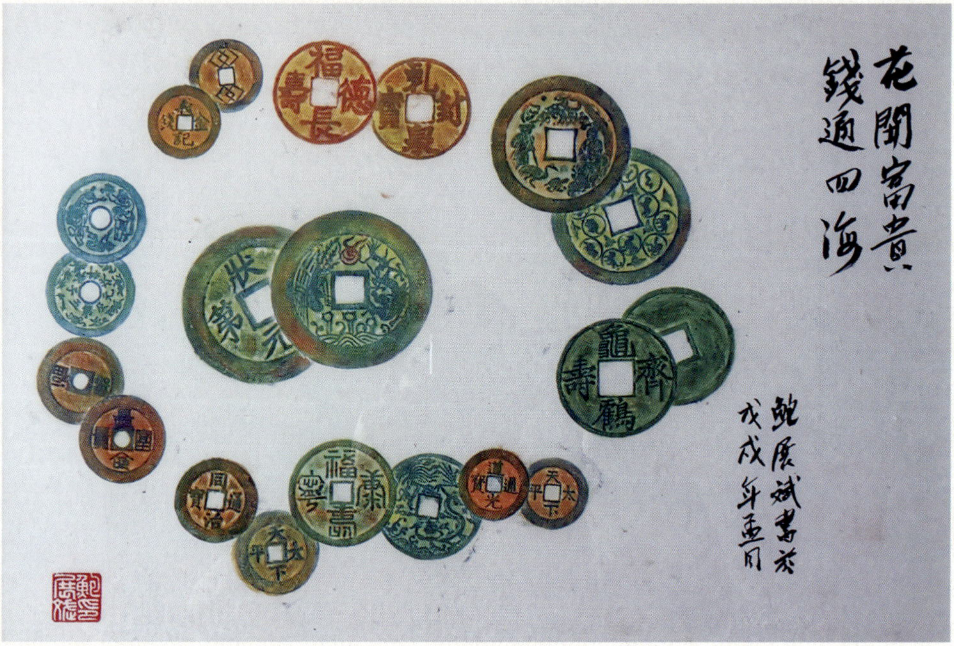

◎ 吉祥花钱叠拓："花开富贵，钱通四海"

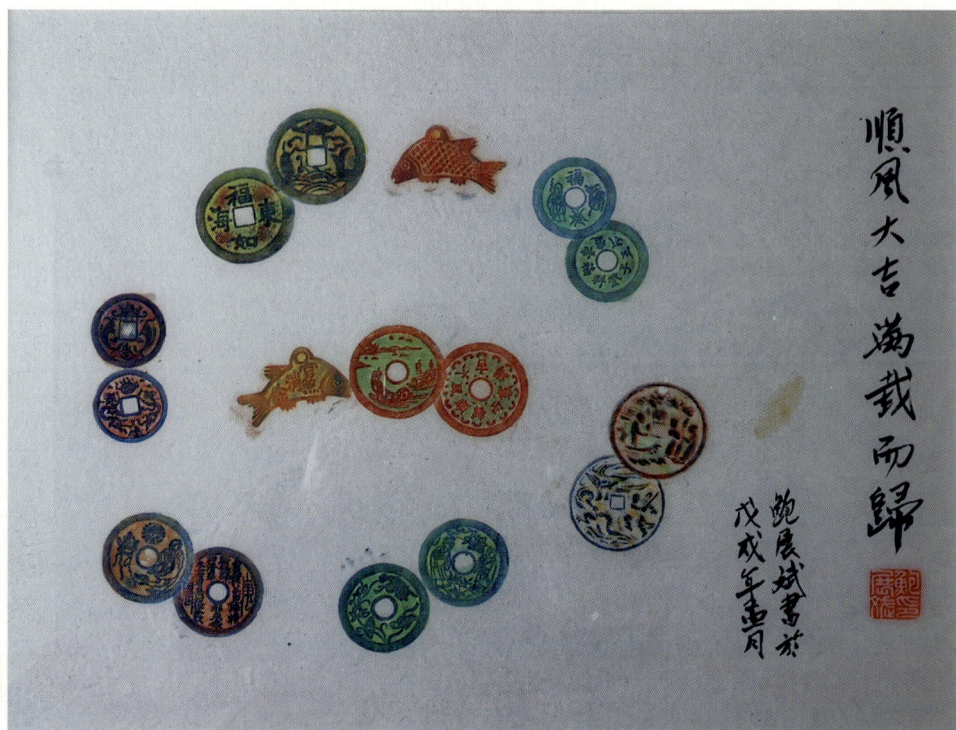

◎ 吉祥花钱叠拓："顺丰大吉，满载而归"

三、丝绸彩拓

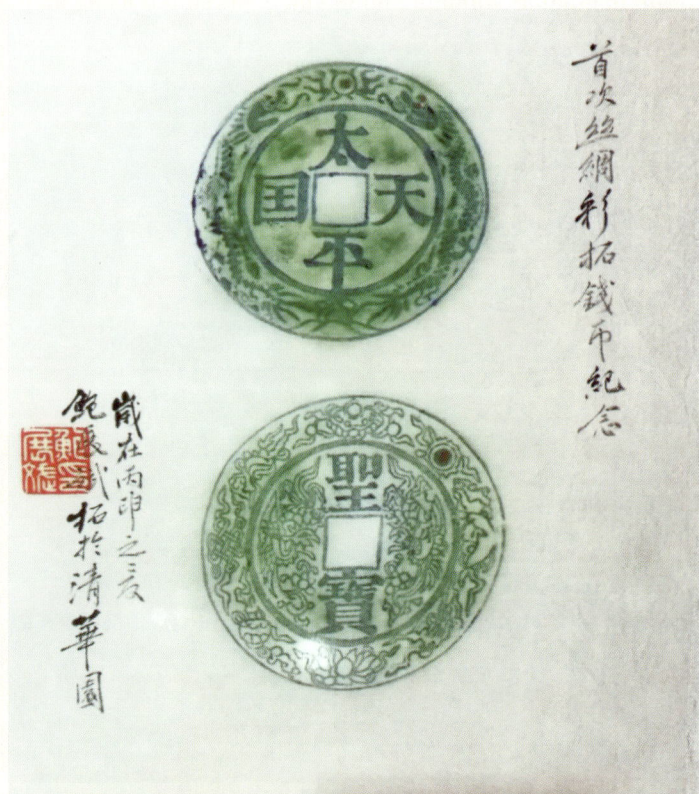

◎ 第一张古钱丝绸彩拓（2016年夏拓于清华园，室友汪保群教授代书）

太平天国大礼钱丝绸彩拓

丙申仲夏拓于清华园

◎ 古钱丝绸彩拓（拓于清华园）

◎ 古钱、奇石丝绸彩拓

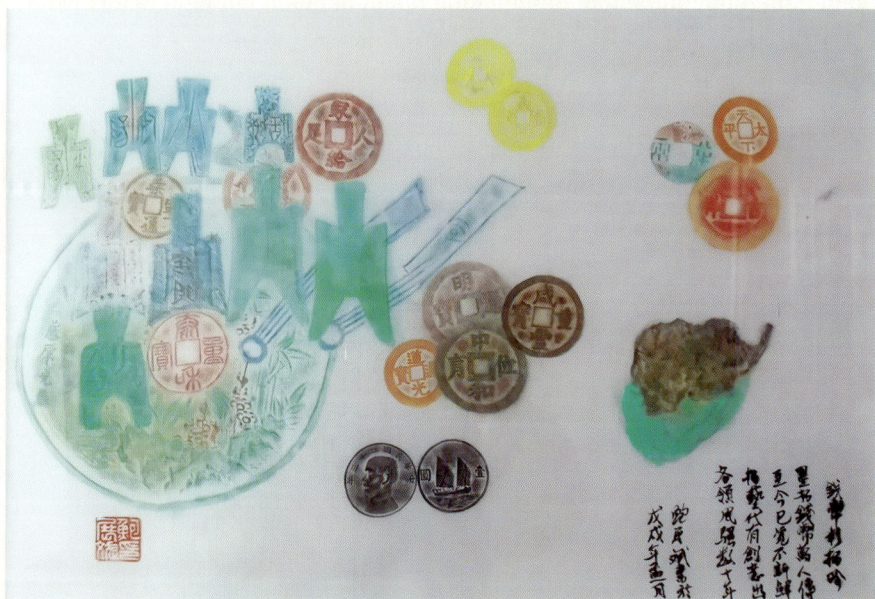

◎ 古钱、铜镜、奇石组合丝绸彩拓

钱币彩拓技艺

四、古钱彩拓

◎ 古钱与竹臂搁彩拓组画

◎ 商周贝币和鱼币彩拓

◎ 春秋安臧空首布彩拓

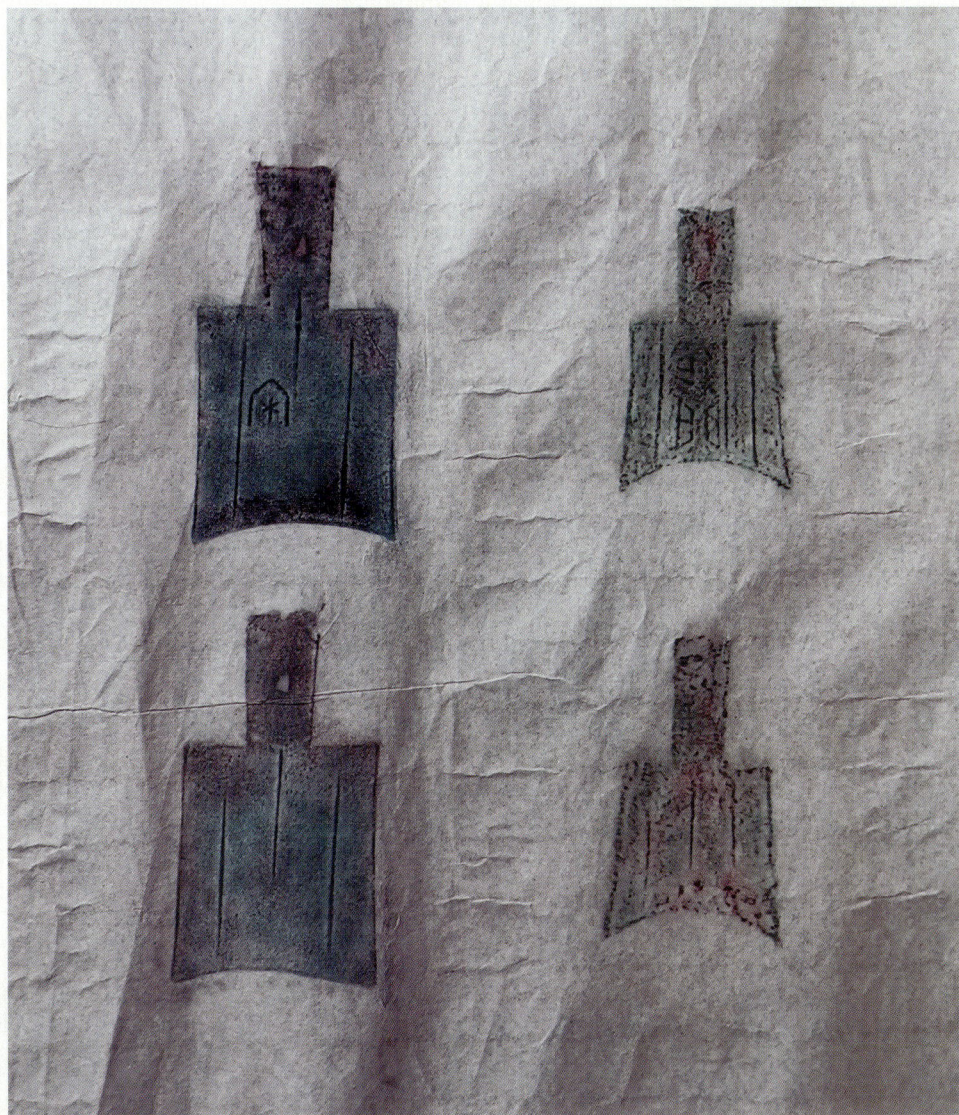

◎ 春秋空首布（宋，安藏）彩拓

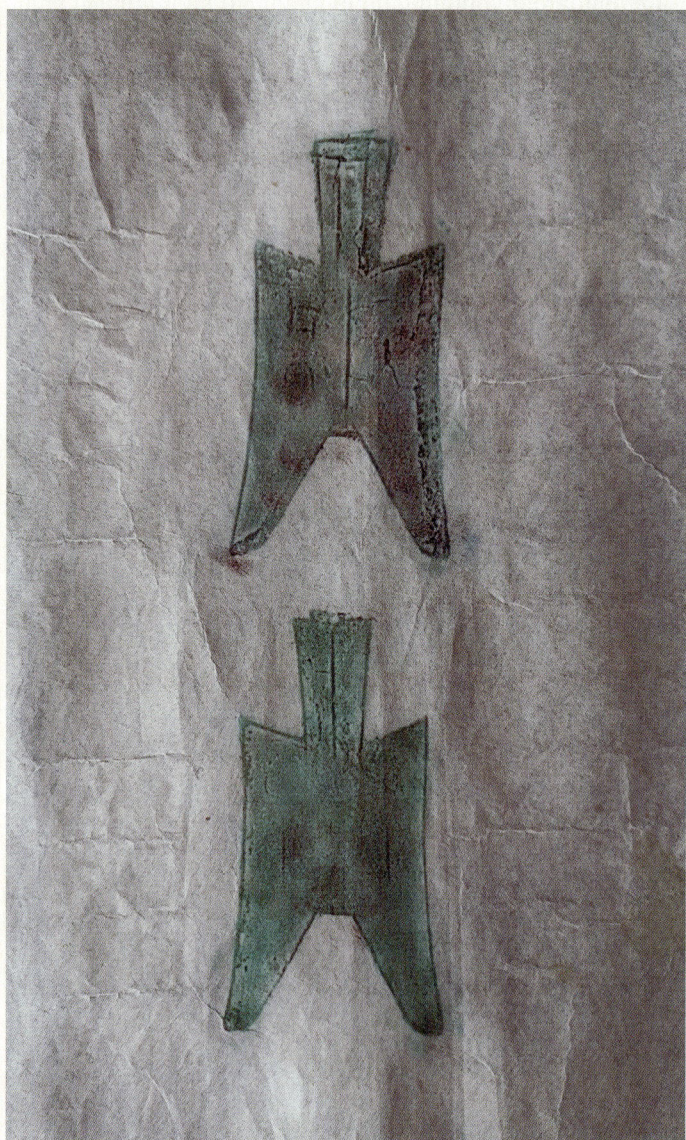

◎ 战国甘丹大型尖足布彩拓

◎ 战国魏安邑二釿布彩拓

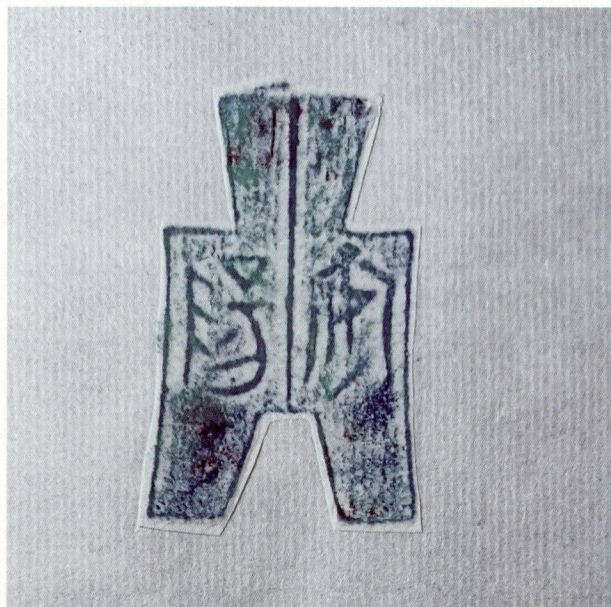

◎ 战国燕大型安阳方足布彩拓

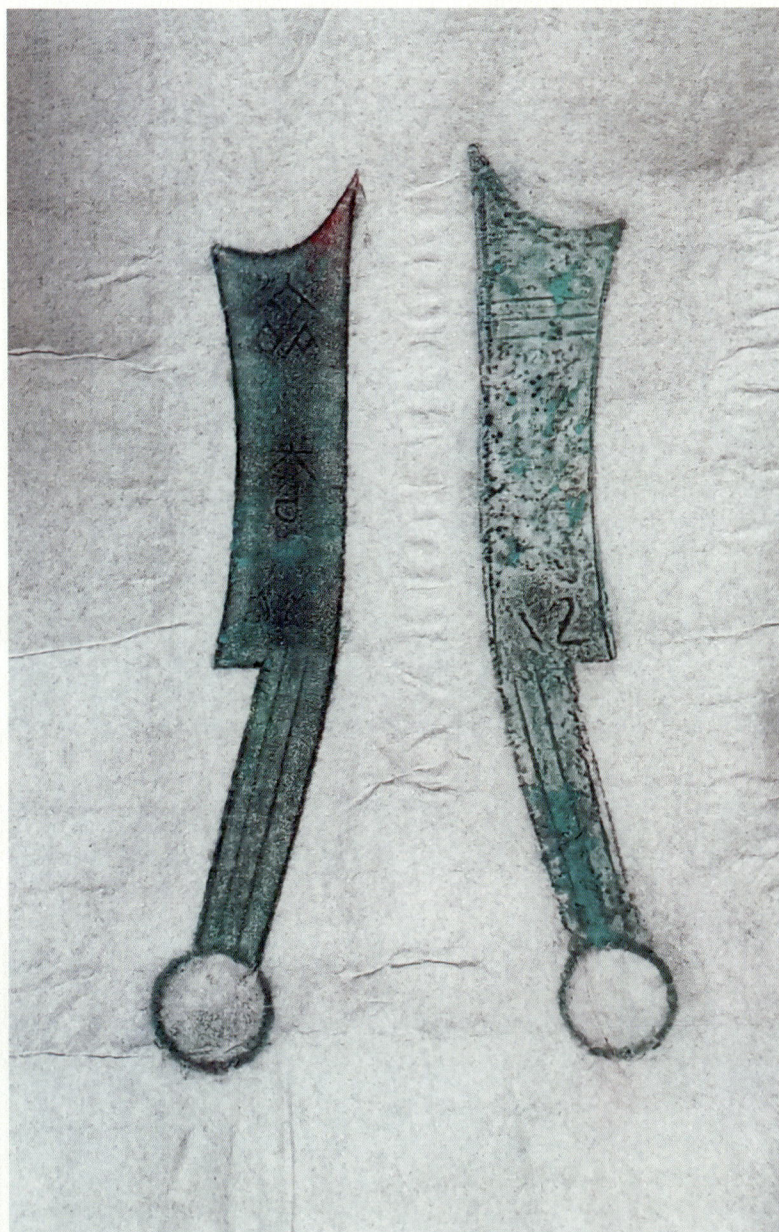

◎ 战国齐"齐法化"三字刀彩拓

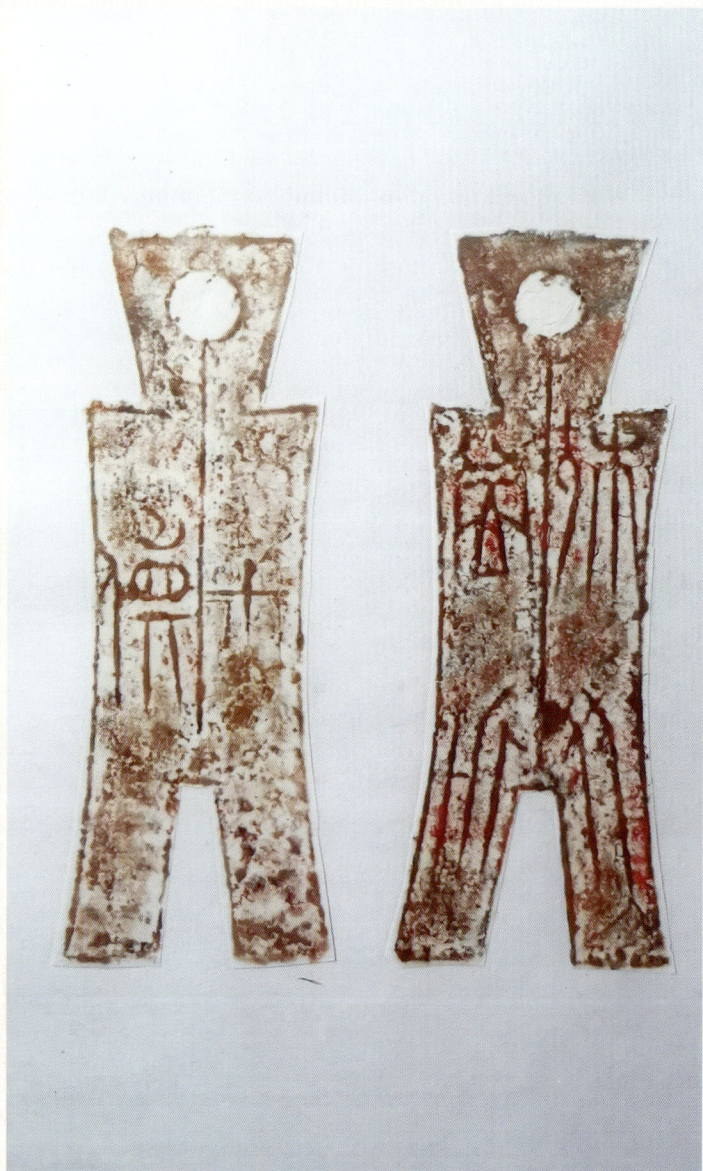

◎ 战国楚 "殊布当钅斤背十货" 彩拓

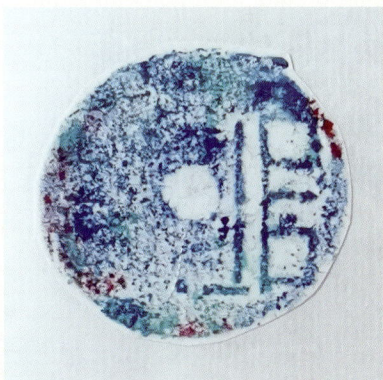
◎ 战国魏圜钱"垣"彩拓（正面）

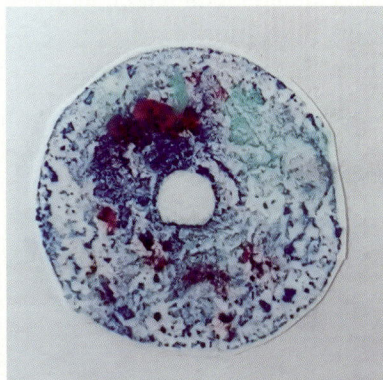
◎ 战国魏圜钱"垣"彩拓（背面）

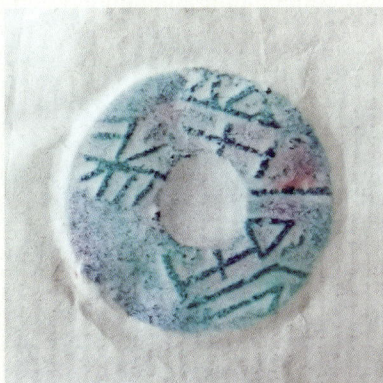
◎ 战国魏圜钱"桼垣一釿"彩拓（正面）

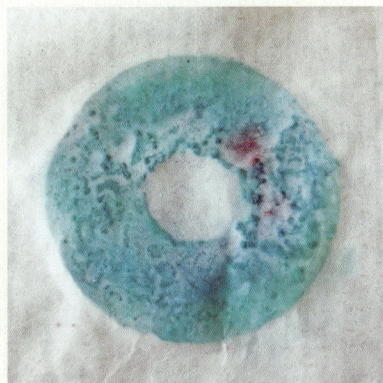
◎ 战国魏圜钱"桼垣一釿"彩拓（背面）

◎ 秦半两彩拓（正面）

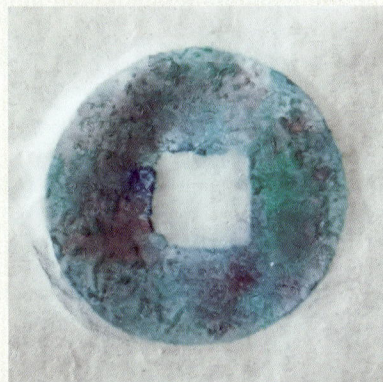
◎ 秦半两彩拓（背面）

◎ 新莽一刀平五千（金错刀）彩拓（正面）

◎ 新莽一刀平五千（金错刀）彩拓（背面）

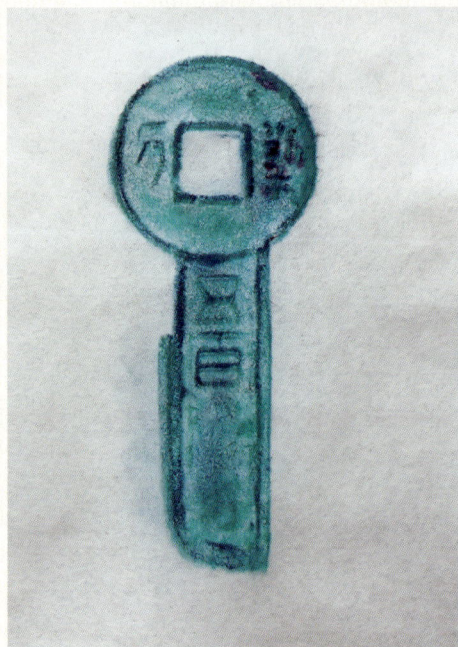

◎ 新莽契刀五百彩拓（正面）

◎ 新莽契刀五百彩拓（背面）

◎ 北周永通万国彩拓（正面）

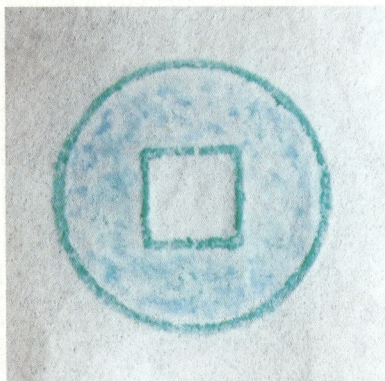

◎ 北周永通万国彩拓（背面）

◎ 唐乾元重宝重轮大钱背祥云彩拓（正面）

◎ 唐乾元重宝重轮大钱背祥云彩拓（背面）

◎ 唐乾封泉宝彩拓（正面）

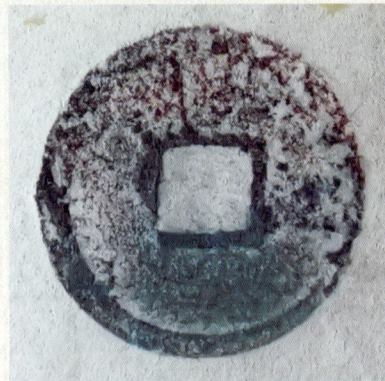

◎ 唐乾封泉宝彩拓（背面）

◎ 唐得壹元宝（史思明铸）彩拓（正面）

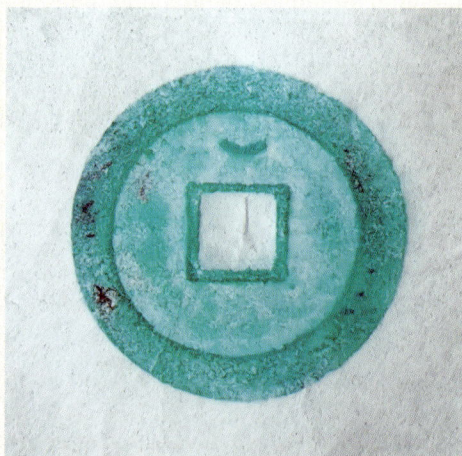

◎ 唐得壹元宝（史思明铸）彩拓（背面）

◎ 唐顺天元宝（史思明铸）彩拓（正面）

◎ 唐顺天元宝（史思明铸）彩拓（背面）

钱 币 彩 拓 技 艺

76

◎ 十国楚天策府宝彩拓（正面）

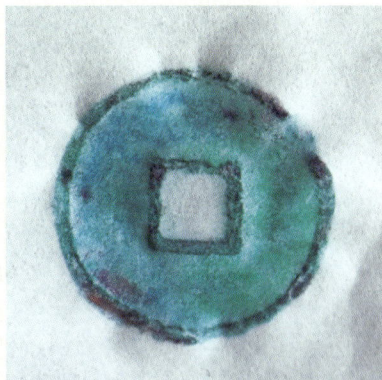

◎ 十国楚天策府宝彩拓（背面）

◎ 十国楚乾封泉宝背策铁钱彩拓（正面）

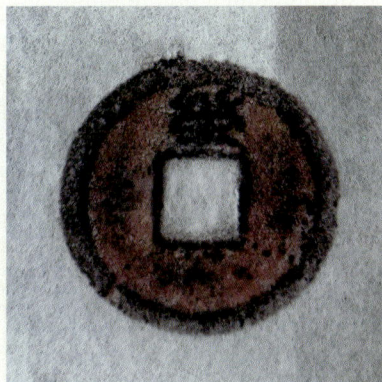

◎ 十国楚乾封泉宝背策铁钱彩拓（背面）

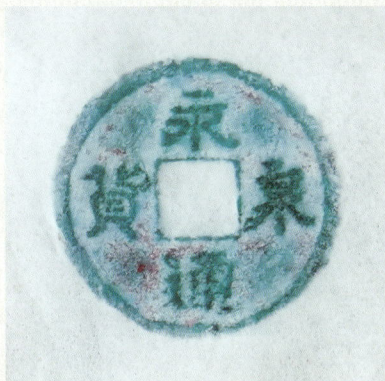

◎ 十国南唐永通泉货彩拓（正面）

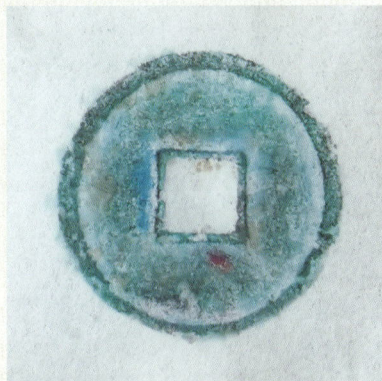

◎ 十国南唐永通泉货彩拓（背面）

◎ 十国南唐唐国通宝折十彩拓（正面）

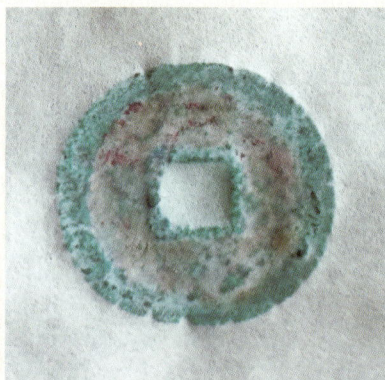

◎ 十国南唐唐国通宝折十彩拓（背面）

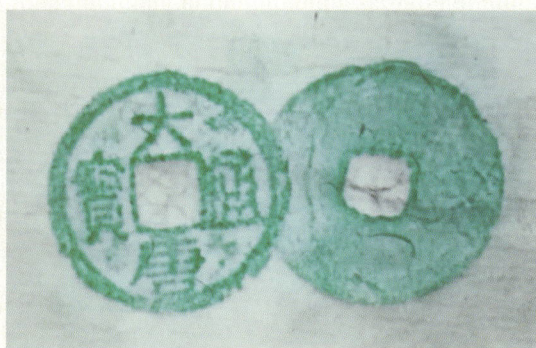

◎ 十国南唐大唐通宝彩拓

◎ 十国闽开元通宝折十（铜）彩拓（正面）

◎ 十国闽开元通宝折十（铜）彩拓（背面）

◎ 北宋至和重宝折二钱彩拓

◎ 北宋明道元宝背"母"字彩拓

◎ 北宋"东坡元丰"隶书大字彩拓

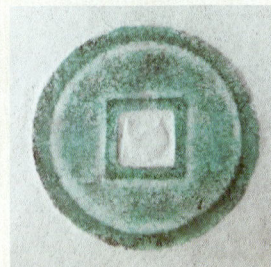

◎ 北宋政和通宝小平篆书铁母彩拓

钱 币 彩 拓 技 艺

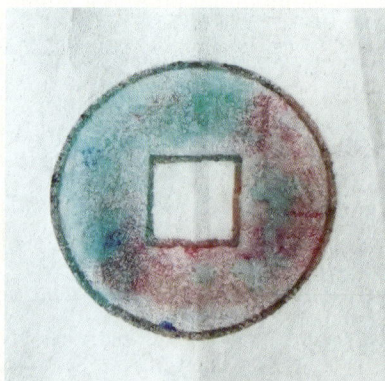

◎ 北宋大观通宝折十彩拓

◎ 北宋崇宁通宝阔缘铁母（出谱品）彩拓

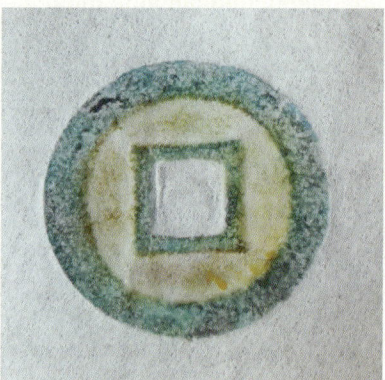

◎ 北宋崇宁通宝小平彩拓（正面）

◎ P80 北宋崇宁通宝小平彩拓（背面）

◎ 北宋重和通宝真篆书对钱彩照与彩拓

◎ 北宋靖康元宝折二隶书彩拓

◎ 北宋靖康元宝折二篆书彩拓

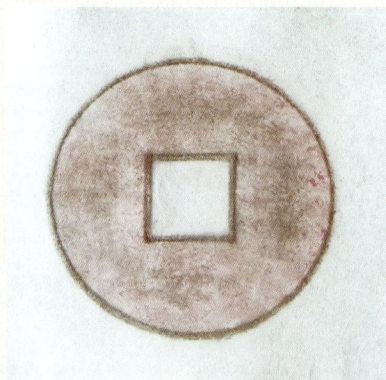

◎ 金泰和重宝彩拓

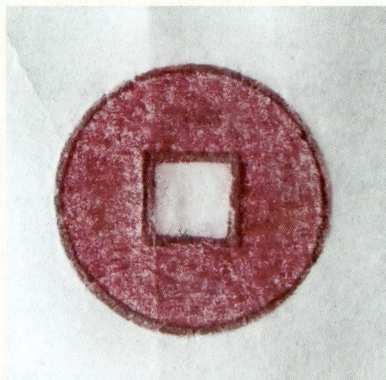

◎ 元八思巴文大元通宝彩拓

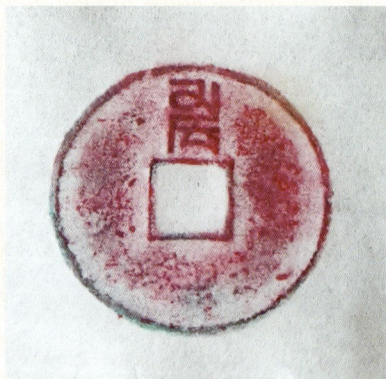

◎ 元至正通宝背八思巴文"卯"折三钱彩拓

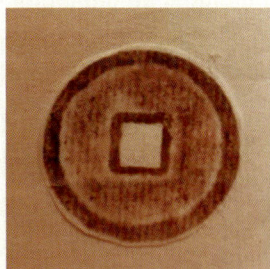

◎ 元末农民起义钱龙凤通宝（韩林儿铸）折三彩拓

◎ 元末农民起义钱大中通宝（朱元璋铸）折五彩拓

◎ 明洪武通宝背京十彩拓

◎ 明天启通宝折十光背彩拓

◎ 明末李自成农民起义军钱币永昌通宝彩拓

◎ 明末农民起义钱兴朝通宝背壹分大钱（孙可望铸）彩拓

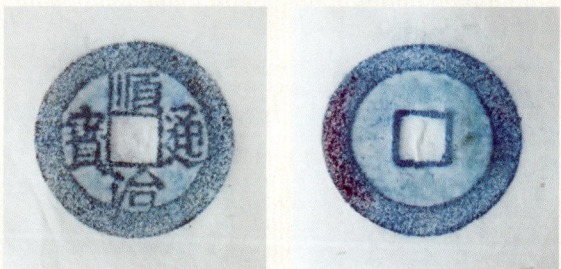

◎ 清顺治通宝连水治样钱彩拓

◎ 清咸丰通宝宝泉局小平样钱彩拓

钱币彩拓技艺

84

◎ 清咸丰通宝宝苏局楷书当十钱彩拓

◎ 清咸丰重宝宝云局当十铁母彩拓

◎ 清咸丰通宝宝福局记值二十彩拓

◎ 清咸丰重宝宝伊局当四钱彩拓

◎ 清咸丰元宝库车局当百钱彩拓

◎ 清咸丰元宝叶尔羌局当百钱彩拓

◎ 清咸丰元宝宝伊局当百钱彩拓

◎ 清咸丰元宝宝苏局当百两种彩拓

◎ 清咸丰重宝宝昌局当五十钱彩拓

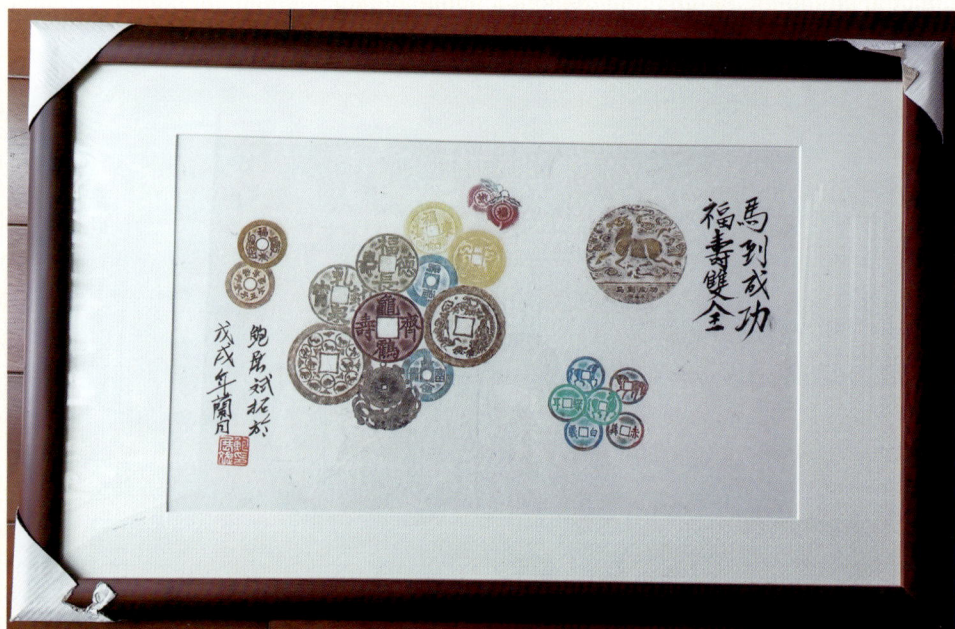

◎ 吉祥花钱彩色叠拓镜框画

◎ 吉祥花钱叠拓"马到成功，福寿双全"

◎ 古钱币银元叠拓

◎ 钱币、奇石组合彩拓

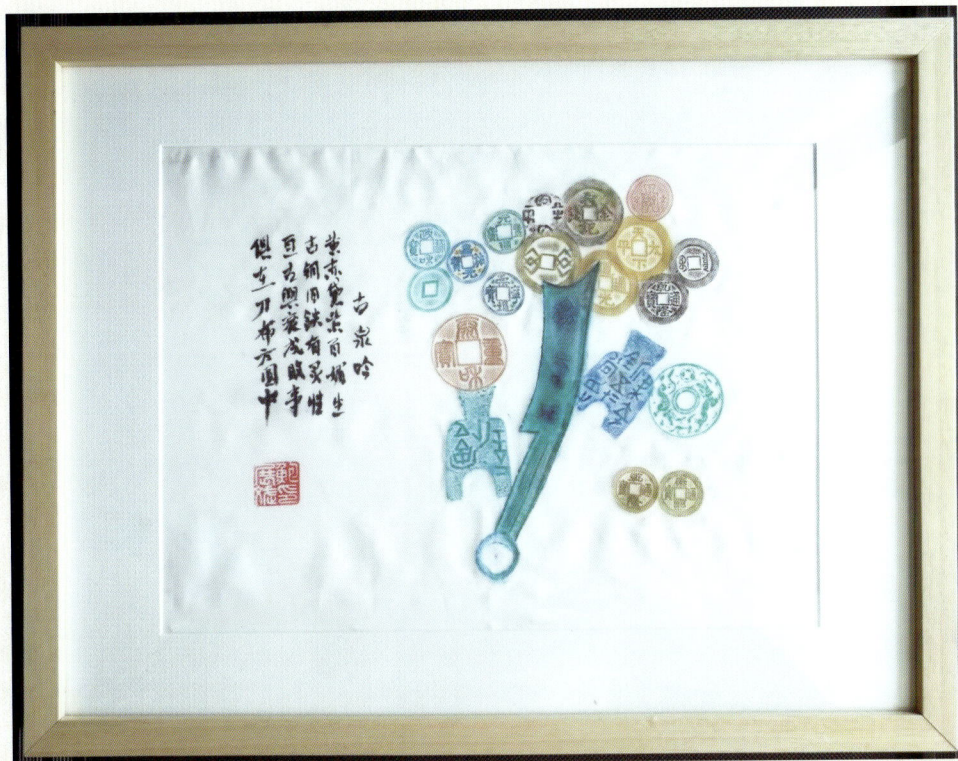

◎ 古钱币丝绸叠拓镜框画

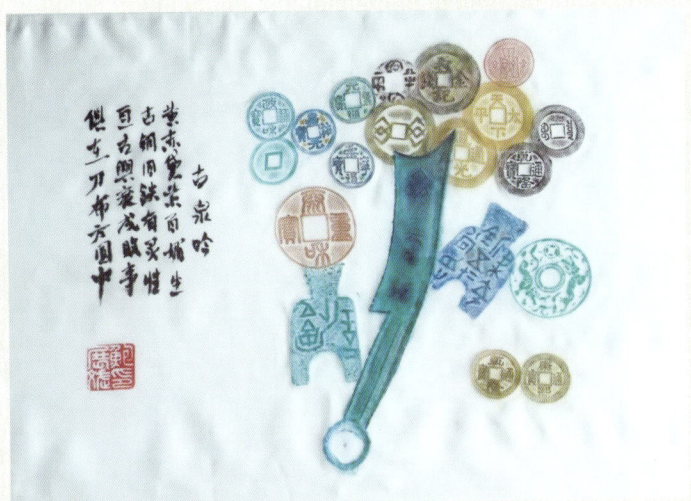

◎ 古钱币丝绸叠拓

五、奇石拓、像章拓

◎ 古钱、奇石组拓

◎ 奇石与钱币组合彩拓："吉祥（象）"

◎ 三叶虫化石彩拓

六、铜镜、钱币组合彩拓

◎ 铜镜、钱币组合彩拓

◎ 铜镜彩拓

七、鱼拓画

◎ 彩色鱼拓画

八、革命纪念章组拓

◎ 革命纪念章彩拓

◎ 革命纪念章彩拓

◎ 马到成功高浮雕纪念章彩拓

图书在版编目（CIP）数据

钱币彩拓技艺 / 鲍展斌著 . — 杭州：浙江工商大学
出版社，2020.5
ISBN 978-7-5178-3669-8

Ⅰ . ①钱… Ⅱ . ①鲍… Ⅲ . ①钱币彩拓技艺—就业
Ⅳ . ① G717.38

中国版本图书馆 CIP 数据核字（2020）第 252314 号

钱币彩拓技艺
QIANBI CAITA JIYI
鲍展斌 著

责任编辑	王黎明	
封面设计	潘　洋	
责任校对	何小玲	
责任印制	包建辉	
出版发行	浙江工商大学出版社	
	（杭州市教工路 198 号　邮政编码 310012）	
	（E-mail：zjgsupress@163.com）	
	（网址：http://www.zjgsupress.com）	
	电话：0571-88904980，88831806（传真）	
排　版	杭州红羽文化创意有限公司	
印　刷	杭州全能工艺美术印刷有限公司	
开　本	710mm×1000mm 1/16	
印　张	6.75	
字　数	76 千	
版 印 次	2020 年 5 月第 1 版　2020 年 5 月第 1 次印刷	
书　号	ISBN 978-7-5178-3669-8	
定　价	49.00 元	